## Part 3
### AI 会让未来
### 变成什么样

## Part 4
### 为了和 AI
### 做朋友

安装进去的 AI。

装载了人工智能的未来喵会来
帮助好奇心旺盛的托托。

还想知道更多！

在"了解更多！"的栏目里会对
人工智能进行深度解读哦！

# 人工智能是什么

# KODOMO★NO★KAGAKU

# 给孩子的未来科学
## 人工智能

[日]新井纪子/编著 陶 旭/译

我很想和人工智能
做朋友啊！
你也是这么想的吗？

中国出版集团 现代出版社

# 前　言

**大**家有没有想象过未来世界的生活会是什么样的呢？
有的人在看过动画片《哆啦A梦》以后，也许会觉得未来真的会出现机器猫那样的机器人，可以理解人类的语言还可以帮助人们解决各种问题。但是不是也有人会担心机器人会发起暴动，反过来支配人类呢？

这些场景中，都有人工智能的身影。它们拥有着可以和人类匹敌甚至能超越人类的智慧。

在本书中，我们会请一个比现在正在研究的人工智能技术更先进的机器人爱田英知（简称爱君）出场，讲述爱君作为插班生来到一个普通班级里的故事。

让我们一起通过了解爱君的优秀之处和奇怪之处来实际感受一下AI（人工智能）和人类各自更擅长做的事情吧。

在我们生活的21世纪，虽然机器人还远远不及机器猫那样强大，但却已经有很多装载了AI技术的机器，为我们带来

方便了。智能手机和智能音箱就是其中的典型代表。

这时候也许我们不应该只停留于"越来越方便了""更方便的话就更好了"之类的想法，而是最好要思考除了交给 AI 做事以外，我们自己要做些什么。

如果能够明白这些，那你一定可以和 AI 技术做好朋友哦！

日本国立信息学研究所教授、

同社会共有知识研究中心长

新井纪子

2018 年 5 月

# 目 录

人工智能可以和我做朋友吗?

实际上很多地方已
经开始在用 AI 了!

真的哦! 这边也
是, 那边也是!

你最近是不是经常听说
"人工智能""AI"这些词汇呢?
这到底是什么技术呢?
我们先从最基础的知识开始介绍吧!

# 人工智能是什么

**现**在已经有了由 AI 扮演的游戏角色，有的扫地机或洗衣机上也会标注"装载了人工智能"之类的说明文字，所以人工智能（AI=Artificial Intelligence※）已经开始应用在很多地方了呢！

人工智能，简单说来就是人造的智能，相当于机器人的大脑。到底做什么样的事情就算有智能了呢，这并没有一个明确的标准，所以即使是被称作人工智能的产品，其性能和目的也是千差万别的。有的时候一些单纯使用程序完成的、看似在思考的，也会被称作人工智能或 AI。

现阶段虽然完全像人类那样思考的状态还无法实现，但随着最新技术的不断开发，人工智能已经越来越聪明了。在一些特定的领域中，人工智能甚至可以实现得比人类更优秀。

现在经常听说"AI"这个词哦！

※Artificial Intelligence → 这是英语中人工智能的叫法，简写为 AI。

8

# 图灵测试

图灵测试由英国数学家艾伦·图灵发明,是用于测定是否为人工智能的方法。

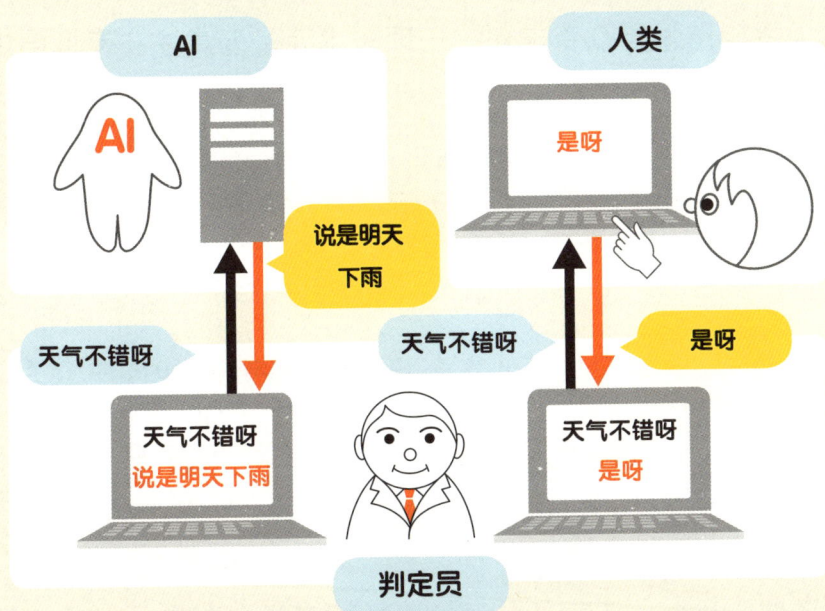

**如果人工智能被判定为是人类,那就合格了!**

在看不见对方的状态下,由判定员与装载了 AI 的计算机用电脑聊天(使用文字交流)。

在测试之中,这台装载了 AI 的计算机如果能把人类模仿得很像,

让判定员感觉和自己聊天的是人类,那就合格了。

即使在图灵测试中合格了,也并不能说明这台装载了 AI 的计算机能完全像人类那样思考,

最多只能算是看起来比较像而已。

实际上关于"人类到底如何思考"的问题,还处于尚未探究清楚的状态。

人工智能作为能改变未来的一项技术而备受关注，但其历史已经比较久远了。

人工智能最早出现在 1947 年。本书第 9 页中介绍过的因图灵测试而著名的艾伦·图灵曾创造出带有思维的智能机器。1956 年"人工智能"这个词第一次在公开场合使用，如今在相关研究人员之间传为佳话的研究报告就是在这一年的达特茅斯会议上发表的。

自此以后，人工智能的研究开始逐渐活跃起来，掀起了最早的 AI 热潮（20 世纪 50 年代后半期至 60 年代）。

但这时的人工智能技术只能解决一些迷宫、拼图等简单的题目，还无法解决复杂的现实社会问题。

而曾一度致力于研究计算机翻译的美国，由于项目援助中断等原因，使得人们对人工智能的期待急转直下……

# 推理与搜索

在第一次 AI 热潮期间，很多研究人员开展了推理与搜索解题方面的研究。
我们以走迷宫为例来了解一下这些研究。

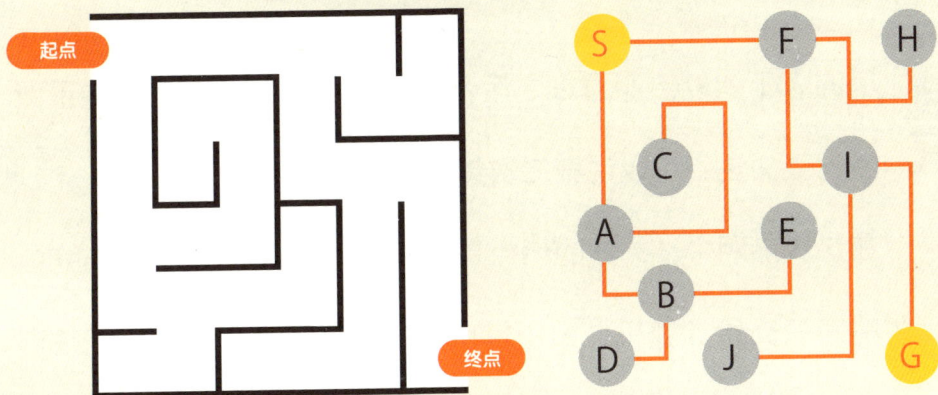

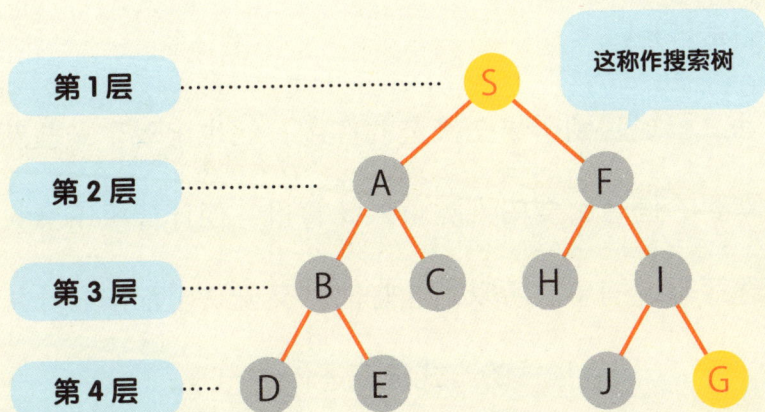

这称作搜索树

在上图中的迷宫中，该按照什么样的顺序走才能效率最高呢？

例如可以先把同一层级的都走一遍再进入下一个层级，

或是先向前走，直到走不通了再退回一步换线路走等，选取的方法有很多种。

与迷宫相同，在解一道题的时候用什么样的路径行进（搜索）

才能效率更高，这正是人工智能开发过程中非常重要的研究领域。

# 具备实用性的 AI 已经出现了吗

**最**早的人工智能热潮退去之后，20 世纪 80 年代人工智能重新受到了关注，可以说第二次热潮又来了。

在这次热潮中，关注的热点是"知识"。例如，把大量与病症相关的知识交给计算机，希望其可以替代医生的工作。让记住专业领域知识的人工智能像专家一样工作——这种思路下产生了人工智能型的专家系统※。

这实际上已经起到了一些推进的作用，但也出现了一些新问题。所有需要的信息都要由人类录入计算机，但计算机不像人类那样可以理解常识信息。所以，这些信息又无法全都按照计算机可以理解的方式被表述传达出来。

AI 医生
没能诞生啊!

※ 专家系统 → Expert system，在英语中 Expert 指专家，即在某个领域具备高端技术的人。

# 知识的描述

对于人类来说，一些信息即使有些模糊不清
通常也差不多可以理解，
但计算机却无法处理这种情况。
例如，我们在形容自己身体不适的时候会说"脑袋晕晕的"
"反胃"之类的词语，但想要把这些语言事先数值化后
再传授给 AI 却是个很麻烦的事情。

**患者的表达**

脑袋晕晕的

胸的深处疼

反胃

嗓子刺痛

脚上突突地跳

心口慌慌的

肚子隐隐地疼

患处针扎似的疼

脑袋晕晕的?
胸的深处疼?
反胃?

脑袋晕晕的……
胸的深处疼……
反胃……

这该怎么
描述清楚呢?

通过研究 AI，我们发现人类有很多的知识描述是模糊的，这就比较难处理了。看来人们在日常生活中下意识地做了很多非常厉害的事情呢!

# 机器学习是什么

人工智能经历了两次热潮后，在 2010 年左右又迎来了第三次热潮。这个热潮延续至今，其中提供最强有力支持的是"机器学习"方法。

在第二次人工智能热潮中发现的问题是，如果想要实现人工智能，则需要将数量庞大的知识输入计算机之中，而超出人类输入的内容，计算机便无法理解，而此时人们终于找到了解决这些问题的关键所在。

这是因为，随着互联网的不断发展，网络已经可以处理大量的数据了。而且通过应用统计方式，将这些数据用于人工智能学习知识的机器，学习方法也得到了发展。

收集大量数据是初始阶段的最大难关呀！

这意味着只能由人类将庞大的数据、规则、特点输入计算机的阶段结束了，人工智能领域也就得到了划时代性的飞跃。

# 有监督学习和无监督学习

机器学习主要分为有监督学习和无监督学习两种。
我们来看看让 AI 认识草莓图片的学习过程。

## 有监督学习

**由人类准备大量
注有标签的数据**

学习

**特征是**

绿色　有点点
红色
尖尖的

AI

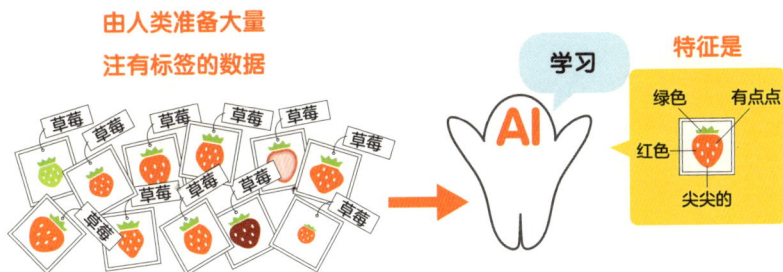

"有监督学习"是由人类提前在正确草莓的数据上加注标签，
这些称作"标记训练数据"。
有了大量的标记训练数据后，将这些数据读入计算机让其学习特征。
通过重复这样的过程，AI 对于判断草莓的特征便可以逐渐拥有自发性的认知。

## 无监督学习

**准备大量没有标签的数据**

学习

**相似**

AI

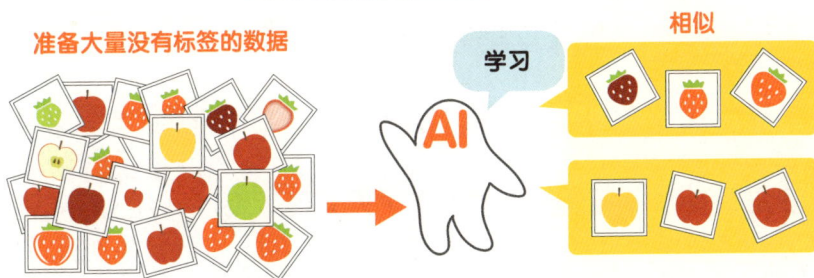

在"无监督学习"中，人类不在预先准备的数据上加注标签。
让 AI 反复进行可以自主给图片分类的学习。
但如果无监督学习的目标或目的没有明确的范围，
则大多数情况下效果不会太好。

# 深度学习是什么

而 如今使 AI 加速发展的方法叫作"深度学习"。这种方法虽然也属于机器学习的一类，但却使机器学习的效率得到了飞跃性的提升。

例如，在 2012 年的世界性图像识别竞赛上，首次参加比赛的，由多伦多大学研究小组开发的 SuperVision 轻松打败了其他人工智能，取得了划时代的发展。而它制胜的原因则得益于充分调动了深度学习的力量。

此前的机器学习在进行图像识别时，必须由人类对其特征进行精细设定。但使用深度学习方法时，可以读取更加庞大数量的数据，然后由计算机自身来设定其特征量 ※。但深度学习并不是可以催生万能的人工智能的方法，只是在特定条件的前提下可以设定特征量。但这种技术的不足之处仍然比比皆是，是一项正在不断进步的技术。

※ 特征量 → 将数据是否有某种特征（需要重视数据的什么方面）转化为数值后所得出的结果。

# 神经网络

人类和动物的大脑是由很多神经元联结在一起的网络构成的，把这种大脑的机制模拟在计算机上就是"神经网络"了。下面介绍一个通过神经网络认知手写数字的例子。

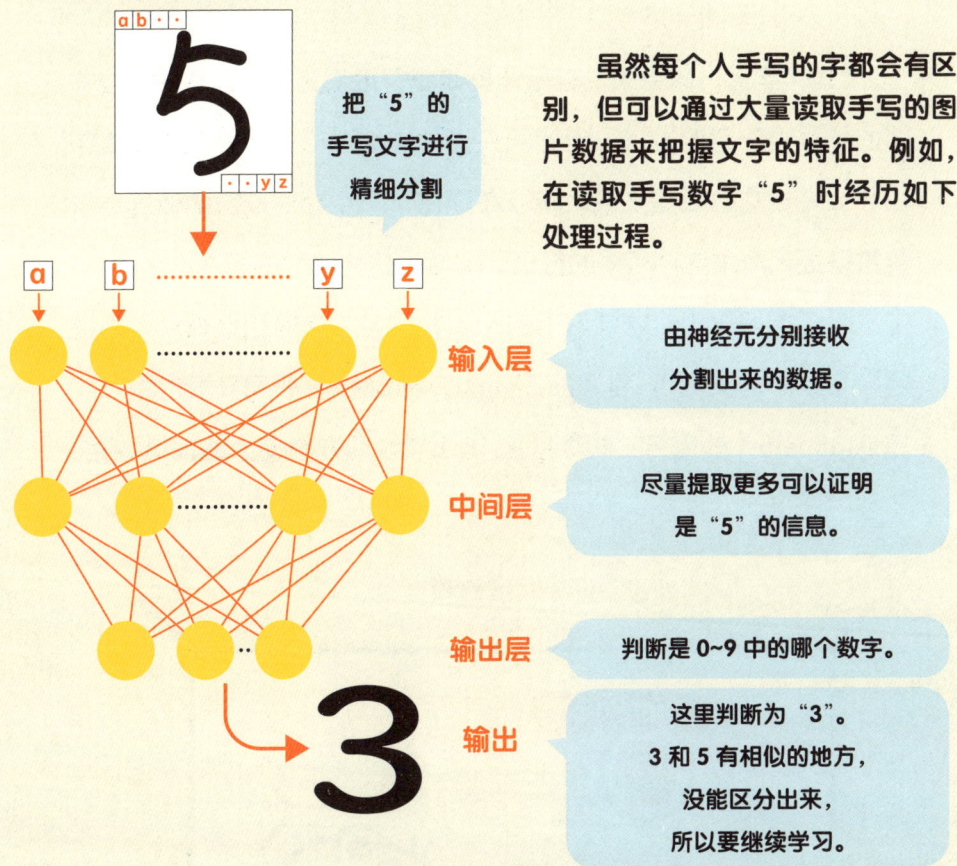

把"5"的
手写文字进行
精细分割

虽然每个人手写的字都会有区别，但可以通过大量读取手写的图片数据来把握文字的特征。例如，在读取手写数字"5"时经历如下处理过程。

a | b | .... | y | z

**输入层**

由神经元分别接收
分割出来的数据。

**中间层**

尽量提取更多可以证明
是"5"的信息。

**输出层**

判断是 0~9 中的哪个数字。

**输出**

3

这里判断为"3"。
3 和 5 有相似的地方，
没能区分出来，
所以要继续学习。

虽然实际的处理过程会更复杂，但通过上图中的示意模型应该就可以粗略了解神经网络了。

对于深度学习来说，图中的中间层会有更多层。

也就是学习到很深层次的意思。

多次通过中间层后就可以形成按照更重要的特征来进行分类的机制了。

如果找到了重要的特征，就可以相应减少错误。

深度学习就是实现这个过程的技术。

# 使 AlphaGo 更强大的 强化学习

　　"强化学习"简单来说就是让机器反复地试错，使其从成功或失败的结果中学习的方法。但如果只是单纯地试错，计算机也无法得知什么是成功什么是失败。所以在强化学习中会对成功的情况给予奖赏以强化产生这个结果的行动，这就是强化学习的基本机制。

　　强化学习属于机器学习中的无监督学习（有时也会被分为无监督学习之外的类别）。谷歌旗下团队 DeepMind 公司开发的围棋程序 AlphaGo（参见第 24 页），首先让其学习数量庞大的棋谱数据，

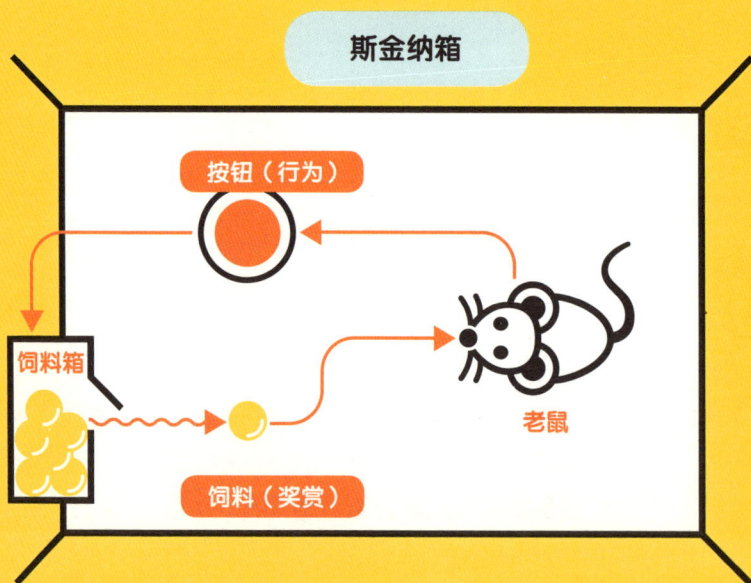

斯金纳箱

按钮（行为）

饲料箱

饲料（奖赏）

老鼠

然后让 AlphaGo 互相对战。也就是通过有监督学习和无监督学习两种方法使其变得强大起来。这里的无监督学习即强化学习，AlphaGo 就是通过获得胜利这个奖赏来不断完成学习的。

在谈到强化学习的原理时，经常会用一个叫作"斯金纳箱"的实验来解释。这个实验是把一只老鼠放在笼子里，这个笼子设置有按下按钮就可以出来饲料的装置。虽然在开始的时候老鼠无法理解按钮和饲料的关系，但在偶然的机会下，它获得了触碰按钮可以出饲料的经验。通过重复这个经验而学习了按下按钮（行为）和饲料（奖赏）的关系，于是它就开始反复这个行为了。

人类也会在吃了好吃的东西之后或疲劳的时候酣睡一场，这是因为大脑具有欲求满足时获得愉快感觉的机制。也就是说，在对生存有利的行为时获得愉快感，相反也有自身有危险时获得不愉快感，通过这样不断重复的机制来避开危险。人工智能的强化学习也正是利用这种机制来让计算机进行学习的。

和人类不一样的是，计算机无论反复试错多少次也不会觉得疲惫，所以如果在限定条件的前提下，进行强化学习的话会有很好的效果。

这么说来，我好像对 AI 有那么一点点好感了哦！

# 近年来
# 人工智能非常活跃

**2**016 年，在第 18 页中介绍的 AlphaGo 战胜了当时堪称世界最强的围棋职业棋手李世石，成为震惊世界的新闻。

在这之前，大家一致认为围棋比赛中的手数极多，人工智能胜过优秀的职业棋手还遥遥无期。

此外，互联网上也在使用各种各样的 AI 技术。例如搜索引擎中就使用了机器学习的原理，针对所输入的关键字，根据是否有所需信息来给出推荐网站排列的优先顺序。而对于常年无法实现实用化的翻译系统来说，通过运用深度学习也使其精度得到了飞跃性的提升。

AI 已经来到我们身边了哦！

虽然想要实现动漫作品中描绘的那种能像人那样说话的机器人还需要很长的发展过程，但如果能开发出一些可以帮忙解决身边问题、尽早发现病患征兆的 AI，也将是很令人期待的事情呢！

# 身边的人工智能技术

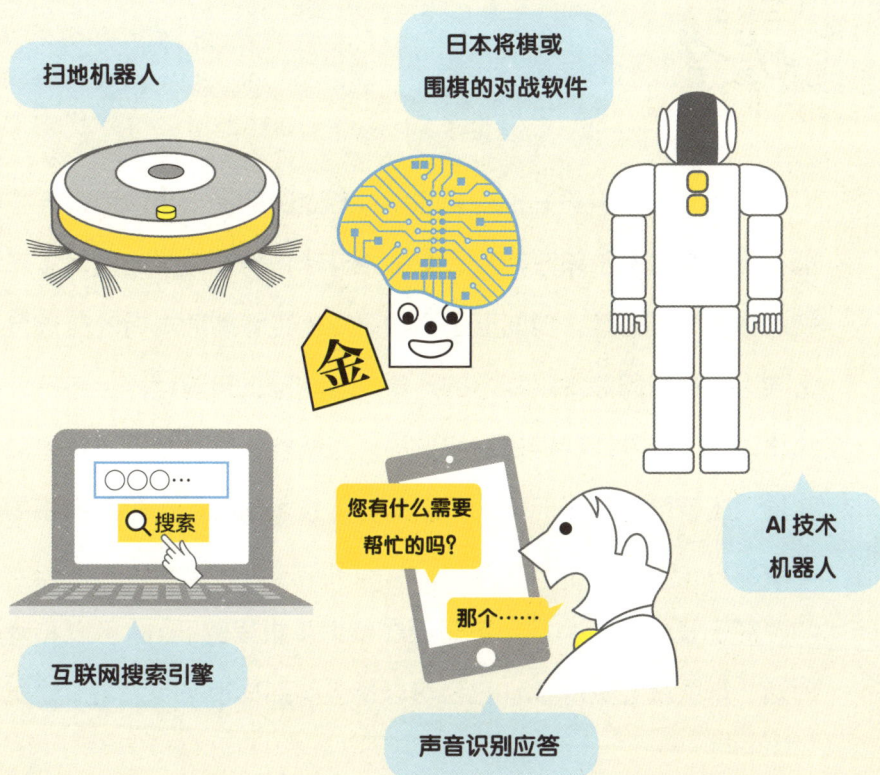

扫地机器人

日本将棋或
围棋的对战软件

金

AI 技术
机器人

互联网搜索引擎

您有什么需要
帮忙的吗？

那个……

声音识别应答

Q 搜索

---

## 小结

不能因为在围棋、日本将棋、
国际象棋领域的人工智能已经可以胜过人类，
就认为人工智能已经超过人类了。
人类最厉害的地方是可以灵活应对各种场景的"万能性"，
研究人员最终的努力目标也是这样的人工智能。
如果从这方面来看，人工智能想追上人脑的水平还有很长的路要走。

# 要警惕伪装 AI 哦

　　我们在 Part1 最开始的内容中介绍过，即使都是被称作人工智能，其性能也是千差万别的。本书中通常把通过程序或技术实现功能的称为人工智能。但需要注意的是，人工智能原本指的应该是具备与人类智慧同等水平能力的对象，但实际上目前世界上还不存在这样的人工智能。我们现在所说的人工智能，充其量只能算是以真正的人工智能为目标而不断开发的各种技术而已，绝不是真正的人工智能。

　　对于我们人类来说，发现装在苹果手机里的 Siri※ 可以和我们对话，可能就会觉得 Siri 已经可以像人类那样思考了。如果你觉得

你、你……
太过分了！

你那个 AI 也
是伪装的吧？

※Siri → 指安装在 iOS 等操作系统中的声音识别及虚拟助手应用程序。
Siri 是 Speech Interpretation & Recognition Interface（语音识别接口）的首字母缩写。

这样的人工智能已经进化到了比人类稍笨一点的程度，那就完全想错了。这实际上和人类的智慧能力是完全不同的。读完本书你就会明白，以现有技术开发出的人工智能实际上是无法像人类那样思考的。无论 AlphaGo 在围棋对局中表现得有多么强大，它也依然是无法真正理解人类语言的状态。目前，不仅人类大脑的机制还有太多没有被探明，而且现阶段的人工智能与人类的大脑也完全不可相提并论。

同时，在人工智能越来越"聪明"并迎来了第三次热潮时，也出现了很多自称人工智能或 AI 的商品。希望读了本书的小读者一定要注意确认这些商品是不是真的运用了人工智能技术。如果是最近新出的商品，至少应该是运用了机器学习或深度学习技术的，这才能称得上是运用最新人工智能技术的商品。

事实上，有很多商品使用的都是以往的技术，却宣传自己的商品属于人工智能。所以，要小心在我们周围这种伪装的 AI 哦！

既然你对人工智能有兴趣，
那么如果遇到有装载人工智能之类宣传的
商品，那就记得先来仔细看看其中使用了
什么样的人工智能技术吧！

# 人工智能
# 搜索关键字

我们将与 Part1 中内容相关的
AI 专用词汇集在这里。
虽然其中有些理解起来比较难，
但如果你有比较感兴趣的内容，
可以自己去继续调查一下哦！

弄懂了这些专用词，你也可以做 AI 高手了！

## AlphaGo（阿尔法围棋、阿尔法狗）

这是谷歌旗下团队 DeepMind 公司开发的围棋程序。因 2016 年战胜了围棋职业棋手李世石而备受关注（参见第 20 页）。之后这个程序又不断得到进化，最新版 Alpha Zero 已经可以应战国际象棋和日本将棋，非常强大，完胜 2016 年的版本。

## CNN（卷积神经网络）

CNN（Convolutional Neural Networks）是深度学习的方法之一，主要用于图片识别和视频识别。卷积神经网络方法是使用带有过滤的卷积处理，不局限于点的方式而可以从整个区域提取特征的方法。

## ELIZA（伊莉莎或艾丽莎）

这是 1964 年开发的早期的自然语言处理程序。例如某个用户输入"XXX（头疼）"，则会回答"是 XXX（头疼）吗"，这只是单纯地按照规则来回答的程序，但也有用户感觉 ELIZA 是有智慧的，他们喜欢这种对话方式。

## MYCIN

这是在 20 世纪 70 年代初由斯坦福大学开发的专家系统（参见第 12 页）。这是一种希望可以替代感染方面的专业医生来进行诊断的系统，它通过向患者提出一些简单的问题来推测感染菌。据说当时开出的处方正确概率接近 70%。

## RNN（循环神经网络）

RNN（Recurrent Neural Network）属于一种神经网络，主要用于处理自然语言。以此为基础发展而来的LSTM（Long Short-Term Memory，长短期记忆网络）可以进行以往的RNN实现不了的长期学习。

## SuperVision

这是由多伦多大学的杰弗里·辛顿等人开发的通过深度学习而实现的图像识别系统。在2012年的视觉识别挑战赛（ImageNet Large Scale Visual Recognition Challenge）中获得了绝对性胜利，这让从事人工智能研究的人员颇为震惊。

## 将棋电王战

指的是2012年开始的日本将棋职业棋手与计算机日本将棋软件的对战。具备高计算能力的日本将棋软件下出了超出职业棋手想象的棋着，大破当时的日本将棋顶级高手，这件事在网络上掀起了热议。这项比赛在2017年举办最后一届后，就落下了帷幕。

## 第五代计算机

这是日本的通商产业省（即现在的经济产业省）于1982年开始主持的超大型国家项目。其目标是开发超越人脑的人工智能，在约10年的时间中投入预算总额为570亿日元（约合人民币40亿元）。但当时的计算机运算速度还很慢，可利用的数据也很少，没能取得预期的成果。

## 深蓝

这是美国IBM公司开发的专用于国际象棋的超级计算机。1989年开始开发，1997年因战胜了当时的国际象棋世界头号棋手加里·卡斯帕罗夫而备受瞩目。深蓝的研究成果也被运用于人工智能Watson（参见第135页）等处。

## Bonkras

这是由日本富士通研究所的伊藤英纪开发的计算机日本将棋软件。它参考了日本将棋程序Bonanza的源代码，通过多台服务器进行并行处理而实现了高速运算。2012年改名为Puella α。

# 如果班里来了 AI 同学

如果你的同桌是个 AI 机器人，
你的学校生活会是什么样的呢？
用漫画来快乐学习吧！

# 开场白

这是最新研究出来的人工智能机器人，名叫爱田英知。

虽然它对人类生活不习惯的事情还比较多，但大家都要和它做好朋友哦！

# 机器人？!

初次见面，我叫爱田英知。
我是20XX年从日本未来开发研究所的
山花田铁五郎教授那里诞生的人工智能机器人，
因为山花田教授的研究方向是人工智能沟通，
所以才实验性地让我进入小学四年级。
我会尽力为教授提供数据，
这个班的人数是34名，
男生17名，女生17名，平均身高……

哔

# 人工智能和机器人

**在** Part2 中，我们一边读关于人工智能机器人转学到班里的漫画故事，一边来思考人工智能擅长和不擅长的事情都有哪些吧。

需要注意的是，人工智能不等于机器人！正像 Part1 中介绍的那样，简单说来，人工智能就是人造的智慧能力，相当于机器人的大脑，也就是软件的部分。

所以人工智能不一定需要物理上的身体，即使有身体也无须一定是人类的样子。例如，开发在互联网上回答问题的人工智能的时候，就不需要制造身体。

反过来说，即使不装载人工智能，也是可以开发出自行确定作业内容或为人类提供辅助的机器人的。

所以，大家一定要理解人工智能不等于机器人这件事哦！

即使没有 AI，机器人也是机器人呀！

# 人工智能是软件

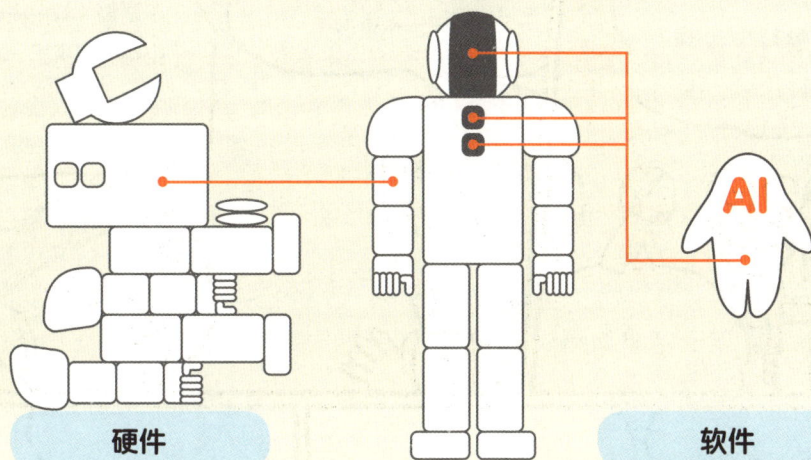

| 硬件 | 软件 |

你听说过软件、硬件这样的词吗？
硬件是指眼睛可以看到的部分。
对于计算机来说，硬件就是主机（CPU、内存、存储器等），
显示器及键盘等。
而软件是指用于控制硬件的程序及数据。

## 爱君这样的机器人有可能出现吗？

非常遗憾，在漫画中出现的爱君那样的机器人现实生活中还没能开发出来。这是因为，人类平时下意识做的一些事情，实际上对于机器人来说却是很难的。

我们通过了解爱君无法做的各种事情，一起来思考该如何与人工智能或机器人一起生活吧！

# 擅长聊天吗

人工智能！太强大了呀！

哇！

哇！

第一次见到哦！

你住哪里呀？

东京都××2-4-×，山花田研究室，纬度35.68××，经度139.76××。

你吃什么食物呢？

补充电能，也会把阳光转换成能量。

太、太有意思了！

哦，说起有意思的事，你看上周六的周末剧场了吗？

看了看了！

我没赶上。

很有意思哦！

爱君,你看周末剧场了吗?

看了!

怎么样啊?

周末剧场是在每周六的19点开始播出的探案连续剧。男主角望月晴雄和女主角小山秀美为了这个电视剧开始了节食健身,因为要扮演两名警察,所以还特意学习了格斗、射击等技能……

你这都是网上的信息呀!

嘎嗒嘎嗒

男主角望月君真帅呀!

呃,我喜欢配角冈田君哦。

是呀是呀!

最后的剧情有点不现实哦。

啊?我看到最后倒是觉得很感动呢!

配角冈田纯一郎，
出道的时候演儿童角色，现在已经出道 10 年了。
受伤的部位是心脏右心室附近，
通常是立即毙命。
发型是 20 世纪 80 年代流行的蓬松发型，
服装的品牌是摩卡摩卡牌，
有专卖店可以销售。

吧啦吧啦吧啦吧啦吧啦

你在说什么？

周末剧场是在每周六的
19 点开始播出的探案连续剧。
男主角望月晴雄和女主角
小山秀……

可是大家已经不说这个话题了呀！

这个爱君有点奇怪……

可能是不太会聊天！

但是它很认真地想要回答呀，挺不错的。

有意思！

我对它越来越好奇了呢！

# 会聊天但不擅长

**人**类在聊天的时候，一般是：①听对方的语言；②理解语言的意思；③结合内容回答。但对于 AI 来说，①之后直接就是③了。也就是说，它不会像人类那样理解语言的意思。

虽然人工智能在聊天时看起来是像人一样地在对话，但实际上只是通过事先编好的程序，从众多信息中找到看似合适的回答而已。所以 AI 不太擅长聊天。

有很多事情对于人来说是理所当然的，但对于 AI 来说做起来却非常困难，例如，察觉对话告一段落或话题变化之类的能力就很弱。

如果是写出来的话，出现句号就说明一句话结束了，但在说话的时候，AI 甚至都很难判断对方是否说完了。

没想到聊天这么难呀！

当周围很多人一起说话的时候，AI 甚至很难分辨出哪句话是谁说出来的。要想发明出在混乱场景中分辨出每个人声音的人工智能，还需要一个较长的过程。

# 中国话小屋

里面的人好像会中文呢!

中国话小屋

中国话指南

谢谢 → 不客气

谢谢 →

← 不客气

谢谢?

我们用一个"中国话小屋"来说明人工智能无法理解语言意思的状况。

即使是不懂中文的人,

也可以在一个放有庞大数量的指南的小屋里,

根据输入的文字进行规定的回答,这样看起来就像是可以对话了。

但其实"这个人"并不理解中文。

这与人工智能对话的原理是一样的。

AI 真行啊!

像"真行"这样的词,有的时候表示夸奖,有的时候又有责怪之意,对于 AI 来说,其中的真正意义判断起来就很难了呀!

# 语音识别的精度
# 已经提高了，但……

**AI** 听取人类说话用的是很早就开始研究的语音识别技术。近年来由于机器学习的发展，语音识别的功能也得到了提升。

从 2012 年 iPhone 的 Siri 可以自由应答，到近年的 Google Home 及 Amazon Echo 等智能音箱也开始实际使用这项技术了。

这样看来，你会不会认为距离 AI 能顺畅聊天的日子已经不远了呢？但非常遗憾的是，这个门槛还很高。

对于 Google Home 等智能音箱来说，只是指定 "OK Google" 等作为激活的信号。

因为并未理解语言的真正意思，所以还是不能随意聊天的，只能对答已经设定好的内容。

即使没理解，但能有问有答就已经挺有意思的了！

# 强人工智能和
# 弱人工智能

　　我们可以把人工智能分为"强人工智能"和"弱人工智能"两种。像人类那样，具备应对各种场景和状况的智慧能力，这种称为强人工智能；而只能对特定的问题发挥智慧能力的称为弱人工智能。

　　大家听到人工智能这个词的时候，大概首先联想到的都是强人工智能，但在我们身边的机构里或家庭中层出不穷的都还属于弱人工智能。而且，弱人工智能对强人工智能是否能有实质性的贡献也还不得而知。但即使是弱人工智能，也可以为人类带来很多有用的贡献了。

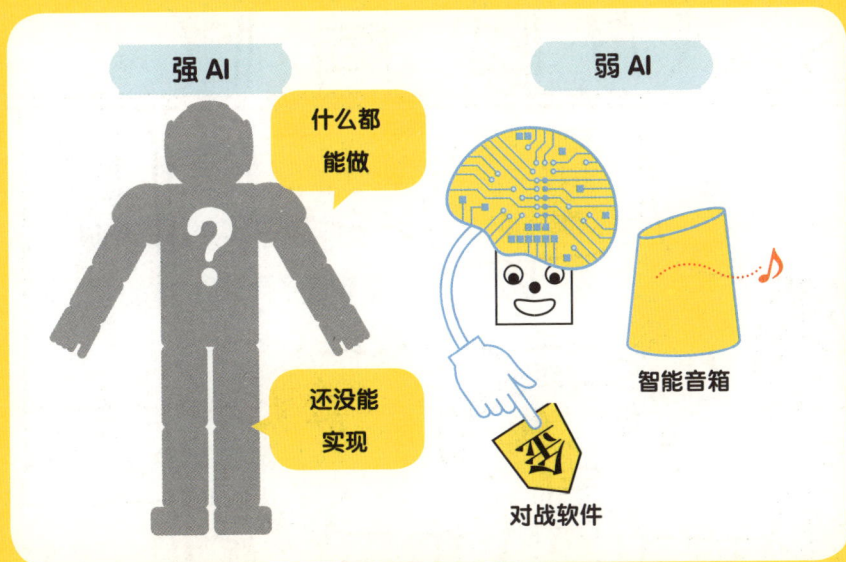

强 AI

弱 AI

什么都
能做

还没能
实现

智能音箱

对战软件

# 可以分清班里同学的脸吗

哗啦……！

这是谁呀？！

早，游助君。

什么！这是那个游助？

仔细看看真是游助呢！

平时的游助

但是爱君，你怎么一眼就认出来是游助呢？

因为骨骼等特征没有变，如果只是戴了眼镜、口罩或发型之类的有变化，认出来完全没问题。

啊，太厉害了！我们在一起的时间只有一天哪！

这是因为实物比一张照片有更多的信息。

照片上没有的更多的信息是指什么？

骨骼　视网膜　指纹　体温　体脂率

你连体温都能知道？！

哔——

36.5℃

我有很多人身上没有的传感器。

所以即使游助变成这样，也能认出来呀！

啊～

但是说起来，游助你这突然间变化也太大了吧！

# 不会被伪装欺骗

**人**工智能在分辨人脸的时候是通过鼻子、眼睛、嘴的位置及特征性形状骨骼等来识别的。即使一个人改变发型或更换装束，人工智能也不会像人类那样通过直接看到的形象来影响判断，所以马上就可以区分出来。即使是戴了眼镜或口罩，人工智能也可以借助看得见的部分进行匹配，马上就能识别出来是否为本人。

人类面部的造型经过很多年也基本上不会有特别大的变化，即使是从小孩长成大人，AI也基本可以识别出来。所以不能做坏事哦！

很多数码相机带有聚焦在人脸上的人脸识别功能，这是很多年前就开发出来的图形识别技术。在这种图形识别技术的基础上，使用机器学习等人工智能技术，这使得人脸识别能力得到了飞跃性的提升。

智能手机上的人脸认证功能也很方便呢！

# 不断进步的人脸认证

逆光

脸的角度（低头或斜向）

戴墨镜或口罩

多年变化

之前的人脸认证对于脸部图像不清晰、
脸的朝向改变、遮掩住部分脸部及脸部
多年后的变化等情况会较难识别出来的，
但通过使用深度学习技术，可以使以往的
人脸识别精度得到跨越性的提升。

对于要区分照相机拍下来的人，
现在 AI 比人类对人脸识别的
精度更高哦，如果提前登入了相应的数据，
还可以进行实时比对呢！

# 擅长考试吗

今天的数学课来复习一下上周学过的知识，做个小测验。

啊~~~ ~~~

老师，爱君怎么办哪？它没听过上周的课呀……

爱君擅长计算，没关系的。

对吧，爱君？

是的，我擅长计算和记忆。

比如说……
你来按顺序说出8的倍数吧？

8、16、24、32、40、48、56、64、72、80、88、96、104、112、120、128、136、144、152、160、168、176、184、192、200、208、216、224、232、240、248、256、264、272、280、288、296、304……

差不多够了，够了。

嘎嗒嘎嗒

嘎嗒嘎嗒

厉害！

第3题：请回答如下算式。

（1）8 × 2.4 = □

（2）7 × 5.1 = □

……

（1）8 × 2.4 = □

8 乘以 2.4 等于……

方块？ □？

嘎嗒嘎嗒嘎嗒

ERROR（错误）!!
ERROR!!

闪红光了？

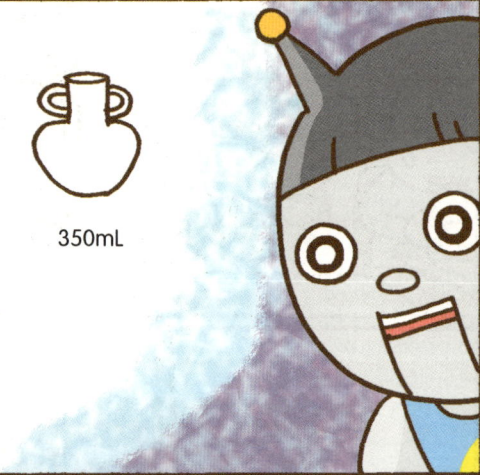

第 4 题：杯子、烧杯、花瓶里放着水

 150mL

 250mL

 350mL

（1）杯子和花瓶里的水加起来是多少 mL？
（2）烧杯和花瓶里的水加起来是多少 mL？

ERROR!!
ERROR!!

啊

呀

老师，题目有错！

# 遇到这种题目会比较为难

人工智能对于"第一届奥运会是在哪年举办的？""6 的倍数是几？""氧元素的符号是什么？"这种单纯的问题，回答起来会很轻松。但对于读过文章后思考作者表达的情感或者设计新的实验方法等题目就会比较为难了。

这和聊天（参见第 34 页）是同样的道理，因为人工智能无法真正理解话语的意思。

如果只是回答单纯的问题，可以从预先教给 AI 的数量庞大的信息中以较高的精度找到看起来正确的答案。

但对于答案不是唯一的或者需要通过解读复杂的段落才能解答的问题，AI 就经常会回答得不着边际了。而一些比较简练的插画对于 AI 来说也很难识别出来。

AI 能不能替我去考试呀……

# 东机器君项目

在日本国立信息学研究所，从 2011 年起开始了一个让 AI "东机器君"在东京大学入学考试中取得合格成绩的项目。想实现这个目标，只是用智力测验那样数量庞大的数据（大数据）进行机器学习是不可能的。不仅有些数据根本不存在，而且对于需要阅读出题内容的处理语言的学科（领域）该怎样应对，也是很大的难题。

虽然遇到很多问题，但研究人员经过反复试错，终于在 2016 年的综合学习能力标记模拟考试中东机器君 5 个学科的 8 项考试合计得分的偏差值达到了 57.1 分的成绩。而且在最擅长的世界史 B 科考试中，获得了偏差值为 66.3 分的高分。

| 科目（满分） | 语文（200） | 数学ⅠA（100） | 数学ⅡB（100） | 英语（笔）（200） | 英语（听）（50） | 物理（100） | 日本史B（100） | 世界史B（100） | 5科合计（950） |
|---|---|---|---|---|---|---|---|---|---|
| 全国平均分 | 96.8 | 54.4 | 46.5 | 92.9 | 26.3 | 45.8 | 47.3 | 44.8 | 437.8 |
| 东机器君得分 | 96 | 70 | 59 | 95 | 14 | 62 | 52 | 77 | 525 |
| 东机器君偏差值 | 49.7 | 57.8 | 55.5 | 50.5 | 36.2 | 59.0 | 52.9 | 66.3 | 57.1 |

【2016 年度 综合学习能力标记模拟考试（6 月）】
● 按照参加 5 个学科 8 项考试中的参加文科考试（语文、数学 2 项、英语（笔试及听力）、历史 2 项、物理 1 项）的人数约为 120582 人（参加考试的总数约为 264604 人）计算出的偏差值。英语（笔）指书面考试，（听）指听力考试。

东机器君不擅长语文和英语呀！

这个项目的结论是，东机器君按照现有的技术不太可能通过东京大学的入学考试，所以 2016 年以后没有再参加相关考试。但通过结果可以了解到，其考试成绩已经达到了可以考入日本 80% 知名大学的水平。

# 按照要求画画

今天到动物园写生！

大家画下自己喜欢的动物吧！

好——的

啪嗒 啪嗒

啊，我们去看看爱君画的画吧！它画得很棒呢！

哦

沙沙沙！

画得真棒啊！

厉害

比如，猫的胡子是不可能只有 6 根的。

眼睛、耳朵、鼻子、手、脚、尾巴也和实物差得太远，它还能直立行走。相似度不到 10%。

你说什么呢？

猫咪咪是猫脸人身的卡通人物啊！

嘎嗒嘎嗒嘎嗒

脸是猫，身体是人……

是这样的。

什么呀！

哔

那大家都画了什么呢？

你看看不就知道了吗？

唧——

# 没见过的画就
# 完全看不懂

**如**果让人工智能画一张熊猫的画，那人工智能就会去搜索熊猫的照片，然后可以直接画出很逼真的熊猫来。如果要求它画成凡·高风格的，人工智能还会从很多凡·高的画中找到共同特征，然后按照凡·高的风格画出来。

但是人类画的图画却很难画得很写实。对于人类来说，说到兔子马上就会想到长长的耳朵，说到长颈鹿就会想到长长的脖子等大体特征。我们如果看到长着长耳朵的白色动物打出 V 的手势又挤眼睛的画，一下子就明白这是一只挤着眼睛打 V 手势的兔子。但因为真正的兔子不会打 V 手势，也不会挤眼睛，所以这是虚构的图画。而与已学习的兔子的数据特征差别越大，则人工智能就越难搞明白画里画的是什么了。

看来还是我识别图画内容的水平更强些吧！

# 符号接地问题

符号接地问题，是指语言是否能够与其意思联系起来的问题。例如，斑马的定义可以是有条纹图案的马。对于完全没有见过斑马的人来说，也能明白马和条纹图案的意思，如果知道"斑马 = 有条纹图案的马"，那即使是第一次见到斑马的人，也会猜到这大概就是斑马了。但对于 AI 来说，即使有"斑马 = 有条纹图案的马"的信息，也只是把这些单纯的文字（符号）罗列起来而已，无法把符号与现实世界存在的斑马联系在一起。

这应该就是斑马了

||||| + 🐴 = 斑马

AI ?

这就称作符号接地的问题，只要这个问题没有解决，AI 就没法像人类那样理解语言后再进行交流。这应该是人工智能研究中重要的难关之一。

# 能帮忙出主意吗

唉~

你怎么了，好好的午休叹什么气呀?

没什么。

别吞吞吐吐的，赶快说!

……明天就是尤利卡的生日了，我还没想好生日礼物该送什么。

你快想想啊! 我们都准备好了。

啊——!

你们速度好快! 我不知道尤利卡会喜欢什么，女孩儿的心思很难猜啊!

咔!

啊啊啊!

我也想了很久，其实没那么复杂，送礼物只要用心就行啦! 写张贺卡也行啊!

可是……可是这是尤利卡第一次邀请我参加她的生日派对，我还是要好好准备一下。

那就准备一个实用的物品作为礼物，准没错！

什么最实用呢？快帮我想想啊！

别急别急，我也需要时间想想。

哎，爱君！

咯嗒咯嗒

啥事呀，叫我啊？

它现在比刚转来的时候说话自然多了啊……

他想让你帮忙出出主意，女孩儿通常会喜欢什么样的生日礼物呢？

呼啦

明白！

正在从数据库中搜索！

嘎嗒嘎嗒嘎嗒

在女孩儿最喜欢的礼物调查数据里找到几种……

这些不适合同学之间赠送吧！

哔

- 项链、手镯、戒指等首饰类
- 护肤套装、口红、香水等美容护肤品类
- 包包、丝巾等服饰类
- 猫咪、狗狗等宠物类

确实有点儿不合适……

还是简单点直接送实用的物品最好，比如漂亮的水杯。

呼啦

这也是女孩子喜欢的。

你怎么不早说呀！

什么？
你们聊什么呢？

正好尤利卡来了，还是直接听取女孩儿的意见最好！他们想知道女孩儿生日送……

傻……傻瓜！

?

# 可以"提供信息"，但是……

**对**于 AI 来说，如果想让它帮忙出主意，就相当于给它下了解决题目的命令。

例如，对于"提高成绩的方法""适合送什么礼物给好朋友"之类的问题，AI 只会从已经有的数据库里找出成绩提高的人的学习方法，或是查找最受欢迎的礼物排行之类的数据。

AI 不会像人类那样通过理解对方的意图，或体会周围的气氛来判断现在的状况，所以在咨询各种问题的时候，也很难根据对方当时的情况找到合适的应答方式。

我们人类可以根据对方的状况或反应，给出不一定正确但却可以让对方高兴的回答。但 AI 只能是从以往的数据里找最合适的或从中选出可能性最大的答案而已。

现阶段的人工智能应该还不适合出主意，只能是为某种情况的决策提供一些辅助性的信息。

# 在客服中心
# 大显其能的 AI

　　客服中心是我们在购买商品后发现问题或遇到其他疑问时通过电话联系、投诉、咨询的地方。在大型的客服中心里，每天会有各种各样的客人打咨询电话来，座席人员（接电话的工作人员）必须要正确回答各种各样的问题，这是非常辛苦的工作。因此，近年来很多客服中心开始引入 AI，由 AI 根据问题的内容、从手册中找到推荐使用的应对方法，提供给座席人员参考，这样就可以更顺利地回答问题了。

## 客服中心座席人员辅助系统

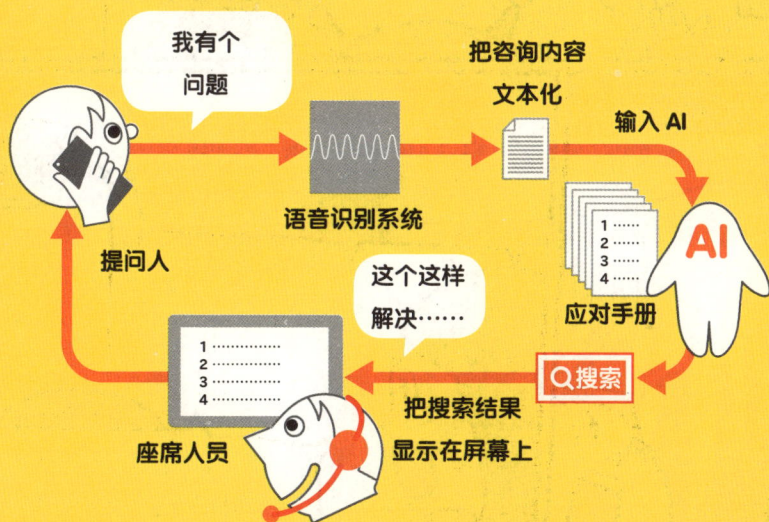

我有个问题

把咨询内容文本化

输入 AI

语音识别系统

提问人

这个这样解决……

应对手册

Q搜索

把搜索结果显示在屏幕上

座席人员

# 擅长应对紧急事态吗

启动紧急模式!

嘎!

估计强度 6,估计加速度 300gal。

开始安全确认!
……如果有什么东西掉在桌子上,
多重的东西是安全的……
这里是四层教学楼的二层,
三层和四层都掉下来的
概率是……

嘎嗒嘎嗒嘎嗒

嘎嗒嘎嗒

从桌子下撤离到操场上,
会不会漏煤气?
会不会着火?
地板会不会塌?
窗户玻璃会不会碎?
会不会发生爆炸?

撤离到操场
上去!

嘎嗒
嘎嗒

咦,爱君呢?

啊!

没来……

柱子有没有倒?
门有没有受损?
人际关系有没有受损……

嘎嗒 嘎嗒 嘎嗒 嘎嗒

还在桌子
下面?!

怎么还在担心不
相关的事情呢!

# 所有的事情都想得太多

**AI** 对大地震这种不经常发生的紧急事态应对困难。虽然可以编程序实现发生地震时躲在桌子下面的效果，但像人类那样根据每时每刻的变化，来采取行动却不太可能。

这是由人工智能研究中的难关之一——"框架效应"造成的。

框架效应是指，在进行某项工作（行动）的时候，AI 无法只选取出重要的知识或信息的问题。

这与日本将棋或围棋那样仅在有限的环境中遵守规则的情况不同，对于紧急事态下需要随机应变的场景，AI 还是无法发挥出实力。

这么说来，在紧急的时候，人比 AI 更可靠些呀……

# 框架效应

哲学家丹尼尔·丹尼特为了说明这个状况而介绍了一个机器人的故事，来说明 AI 很难应对的框架效应。

## 1号机器人的情况

从洞窟里把电池取来！

砰！

洞窟

好的，拿来了。

AI

＋ 电池 －

机器人得到了从洞窟里取出电池的命令。但电池上设有定时炸弹，机器人把电池和炸弹一起拿出来而引发了爆炸。

## 2 号机器人的情况

在考虑过自己的行动会有什么后果的前提下，把电池取回来吧！

OK!

洞窟

天井会不会掉下来？

墙上也许会破洞……

砰！

AI

AI

地面会不会塌陷？

＋ 电池 －

这个机器人得到"在考虑过自己的行动会有什么后果"的命令后，开始判断是否要把炸弹一起拿出来。于是它开始考虑各种可能性，这个过程中定时炸弹到时间后爆炸了。

# 擅长下棋吗

四人将棋就是在四边摆开的将棋。
下的方法基本一样，按照顺时针顺序轮流下。只是如果碰上了就要把王翻过来留在棋盘上。
9 8 7 6 5 4 3 2 1
一 二 三 四 五 六 七 八 九
银 金 王 金 银
步 飞 步
步
哦？以前不知道这种玩法呀，听起来好像挺有意思的！
……咦？爱君不动了。
哐啷
扑哧
直挺挺
不好了，发生框架效应了！
AI如果遇到预先没有的程序，就会死机的！
这是谁？
我带它回去用神经网络深度学习后再来跟你们对战吧！
咚咚咚
那是……爱君的博士？

神经网络是类似大脑机制的数理模型。

研究所

也就是说像人那样学习!

于是这里有四个爱君的分身,按照1秒下一步棋的速度,不断地下四人将棋。

啪 啪 啪 啪 啪

三天后

我们开始下四人将棋吧!

这是什么时候的事呀?

三天前哪!

需要好多个月做的事,我用三天就完成了版本升级。
开始吧!

可不可以再换一换规则呢?

**教授下了忽略这句话的命令!**

# 超超超擅长下棋

**在**日本将棋、国际象棋、围棋等领域，AI 胜过人类的场景现在已经屡见不鲜了。在这些领域中，人工智能通过大量读取以往的对战数据，进行充分搜索，找到最适合当前情况下的一手棋，显示出独一无二的强大实力。

对于这种有明确规则的博弈，AI 会非常强。但如果是没有预置程序的新的博弈，或只是按照朋友之间规定的特殊规则进行的博弈，AI 由于没有以往数据（或数据很少），则无法通过特训来变得强大了。另外对于扑克牌或麻将这种看不到对方手中牌的，只能一边预测一边推进的博弈，人工智能也就不太擅长了。

换一个规则，
我就不会输了！

如果当场教授规则，人工智能是无法马上理解的。就像前面漫画里的爱君那样，需要提前输入大量数据。这和人类每天在学校或其他地方随时随地学习的方式是完全不同的。

# 极大极小算法和蒙特卡罗方法

下面介绍两种对于日本将棋、国际象棋、围棋等棋类的对战软件来说，在 AI 的程序中常用的方法。

## 极大极小算法

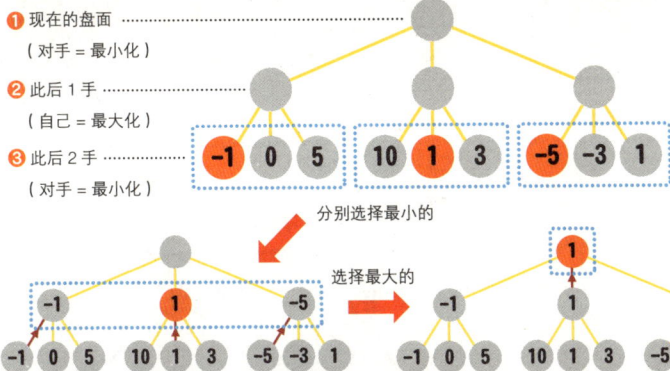

① 现在的盘面
（对手 = 最小化）

② 此后 1 手
（自己 = 最大化）

③ 此后 2 手
（对手 = 最小化）

-1　0　5　　　10　1　3　　　-5　-3　1

分别选择最小的

-1　　　1　　　-5

选择最大的

-1　0　5　10　1　3　-5　-3　1

1

-1　　　1　　　-5

-1　0　5　10　1　3　-5　-3　1

这是一种将可以想到的损失降低到最低水平的判断方法。以日本将棋为例，会通过"对方下出使我方的得分最小化（Min）的 1 手时，我方下出使自己的得分最大化（Max）的 1 手"这样的思维过程，决定此后任意手的最佳下法。例如，如果下了王手则加 10 分，反之被下了王手的话就减 10 分，这样通过评价盘面的得分而做出决策。图中为根据此后 2 手的盘面评价来决定下 1 手下法的示意效果。

## 蒙特卡罗方法

● 轮到对方
○ 轮到我方
■ 输了结束
□ 赢了结束

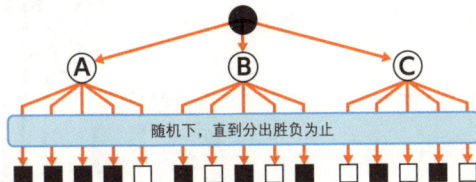

A　　　B　　　C

随机下，直到分出胜负为止

不像极大极小算法那样计算盘面得分，而是一直随机下到终盘（结束），选择得胜率高的 1 手的方法。如果是图中的情况，则会下得胜率最高的 C 手（会实际进行特别多的对局并算出概率）。

# 会做出最合适的分组吗

我们下周要组织社会实践参观了。今天要确定分组，老师虽然也可以帮你们分，但是想问问同学们想不想自己来分？

我们想自己分！

好——的！

每个组 4~6 个人，需要把全班人都分进去，不能把谁给漏了哦！

大家自己来分没问题吧？

是——的！

4~6个人

那我先去开会了，你们自己商量吧！

好——的！

啪嗒

好的，那先按照想分在一组的人来分分看吧！

想和尤利卡一起……

我嘛，

稍等一下！
这样的话最后会不会有找不到组的同学，那多可怜哪！

啊，是呀……

对呀……

那我们用座位区域来决定怎么样？

听起来好像公平些哦！

但如果这样定的话，不是跟老师分组没什么区别吗？

好像是哦……

如果要尽量让每个人都满意，不会让谁不高兴的话……
需要找一个能尽量客观地看班里每个人的人，由他决定就对了哦！

哇啦

那就是老师了呀。

所以老师才说让大家一起来想的！

原来如此！

悄悄

孩子们好像都长大了些呢！

嗖……

看来是可以交给他们了哦。

那我们让爱君来分怎么样呢？

它好像会比较客观！

爱君，怎么样？

交给我吧！

它真是显得很轻松啊！

如果把班里 34 个人按照 4~6 个人一组来分，
4×7+6 人、
4×6+5×2 人、
4×4+6×3 人、
4×3+5×2+6×2 人、
4×2+5×4+6×1 人、
4×1+6×5 人……

哈哈，看起来算得很像那么回事呀！

是哦……

嘎嗒嘎嗒嘎嗒嘎嗒

如果按照关系好坏来分，
A 同学和 B 同学、C 同学和 D 同学、
E 同学和 F 同学、
A 同学和 E 同学最好，
而 B 同学和 E 同学没有什么交流，
所以 A 同学和 B 同学和 E 同学
不可以组合在一起……

哎，不能把大家之间的关系直接说出来呀！

嘎嗒嘎嗒嘎嗒

78

C 同学和 D 同学和 G 同学和 H 同学
虽然经常在一起，
但实际上是 C 同学和 D 同学、
G 同学和 H 同学两个小组
分别比较好罢了……

哎呀，它还在说呀！

总是一个人的 Z 同学，实际
上谁也不讨厌他……

呃

只是大家都忘记了他的存在罢了，
所以分在哪组都可以！

天哪——

嘿！

A 同学很受欢迎，
讨厌他的只有 4 个人，
所以剩余 30 人……

别说了！

全班人的最优分组组合
方式过多！
ERROR！
ERROR！

啊

哇呜

哐啷

扑哧扑哧

怎么回事？

# 如果全都调查一遍，
## 可能会崩溃

下页中介绍了一则有趣的印度传说，可以读读看哦。思考组合方式问题也是非常有意思的话题。

就像故事里说的那样，比起加法和乘法，连续翻倍的计算方式（称作指数方式）会迅速增大。前面漫画故事里出现的匹配过程（谁和谁组合在一起更好）的计算得出的组合备选方式也是呈指数水平的。如果对漫画故事里的情况进行计算，则即使是用现在的计算机水平的 1000 倍的速度计算，也需要超过大约 1 万年。

如果使用现在正在开发的"量子计算机 ※"，此前无法进行的部分指数级计算也许就可以很快算出来了。如果真能实现就太好了，若是这种计算机开发成功，那现在使用的文字组合 ID 和密码的认证机制就不能再继续使用，就需要开发新的认证系统了。

※ 量子计算机 → 指运用"量子比特"原理完成的计算机，具有远超现在半导体计算机的优越性能，其真正实现备受期待。

从前有一个国王，他对前来请求减少年贡份额的农民说："我之所以收年贡，是为了在饥荒之年能分给大家。"所以他没有答应农民的请求。

这个国王太坏了……

但实际上到了饥荒之年，国王不仅没有把米分给大家，还要求大家像往年一样上贡。有一天，有个诚实的叫拉尼的小女孩儿，她把运粮米袋中落在地上的米都拾起来，如实上交给了国王，国王为了奖励她，让她自己说出想要的奖赏。于是拉尼说，那您今天给我 1 粒米，明天给我今天的两倍就是 2 粒米，后天给我明天的两倍就是 4 粒米，这样一直连续给一个月（30 天）吧。国王回答说："你只要这些吗？这太简单了，我可以帮你实现！"于是国王就答应下来了。

大家也来想想看吧！

那么拉尼最终得到了多少粒米呢？

第 1 天　1 粒

第 2 天　1×2=2 粒

第 3 天　1×2×2=4 粒

⋮

啊？这么多！

第 12 天　1×2×2×2×2×2×2×2×2×2×2×2=2048 粒

（大概装满一个饭碗）

⋮

第 20 天　$1×2^{19}$=524288 粒（约 10kg 重的米）

⋮

第 30 天　$1×2^{29}$=536870912 粒（约 10.5 吨大米 ≈ 2 辆 5 吨卡车的重量）

这样，拉尼成功地把国王米仓里的大米都要了回来，分给正在受饥荒所困的村民们，让大家过上了幸福的生活。

# 能用最短路径到达目的地吗

我们今天要进行社会实践参观，现在先去坐地铁！

好——的！

咦？
怎么不发车呀？

各位乘客，现在广播通知，由于列车的制动系统有可能发生了故障，需要对车辆进行检查。因此要晚一些发车，给您造成不便实在抱歉。

另外，
××线由于信号灯故障，
也发生了延误。

啊～

这可怎么办哪！如果拖太长时间的话，就需要改变计划了。

现在如果去坐开往××的公交车，再换乘××线的话，到达目的地的时间比原计划只晚5分钟哦！

是呢，还可以坐公交车呀！
爱君很聪明！
那我们先下车吧。
你虽然在分组的时候添了乱，但这个时候还是很值得信任的嘛！
谢谢啦
是不是你们谁按了紧急停车按钮？
咚咚咚
啊？
我按的呀——
这里写着“发生异常情况就需按下”，而制动系统故障这件事，应该算是很异常的情况了吧？
不是的，现在已经知道是制动系统故障了就不……
我们的机器人给您添麻烦了，非常对不起！
啊——

# 如果有导航，那就放心吧

**找**出到达目的地的最短路径是人工智能最擅长的领域之一——最快到达目的地的路线、换乘次数最少的路线、费用最低的路线等。人工智能不仅能单纯计算时间的长短，还可以根据各种不同的目的提供最好的方式。对于发生道路拥堵、列车晚点、道路施工等情况，可以尽早知道这些到达目的地的过程中会出现的情况，及时提供备选路线，这样的功能就非常有用了。另外在选择去小伙伴家的路线时，可以帮忙确认是否会经过不设红绿灯的危险路口、没有人行道的路段等。预先提供有危险隐患的事项，有助于选择安全且好走的路线。

对于没有方向感的人来说，AI 必不可少哇！

这些技术已经被实际应用起来了，如果想再进一步发展，应该可以把当前的位置信息与用户平时的行动方式结合起来，在用户主动搜索之前就提供一些可能需要的信息和建议的路线了。这样，即使是第一次去的地方，也有可能很快就能发现自己喜欢的小店呢！

# 导航的原理

　　汽车导航也用到了 AI 的技术哦。道路交通信息中心全年 365 天，每天 24 小时收集道路信息，而拥堵预报功能可以在以往数量庞大的交通信息的基础上，叠加周几和具体时刻等各种条件，来推荐最合适的路线。并且，近年来通过可以实现语音操作的自然语言对话技术之后，对于驾驶员经常前往的地点和路线，时间安排等信息，可以实现适时地进行目的地估计等功能，这个过程中 AI 的功劳是不可或缺的。

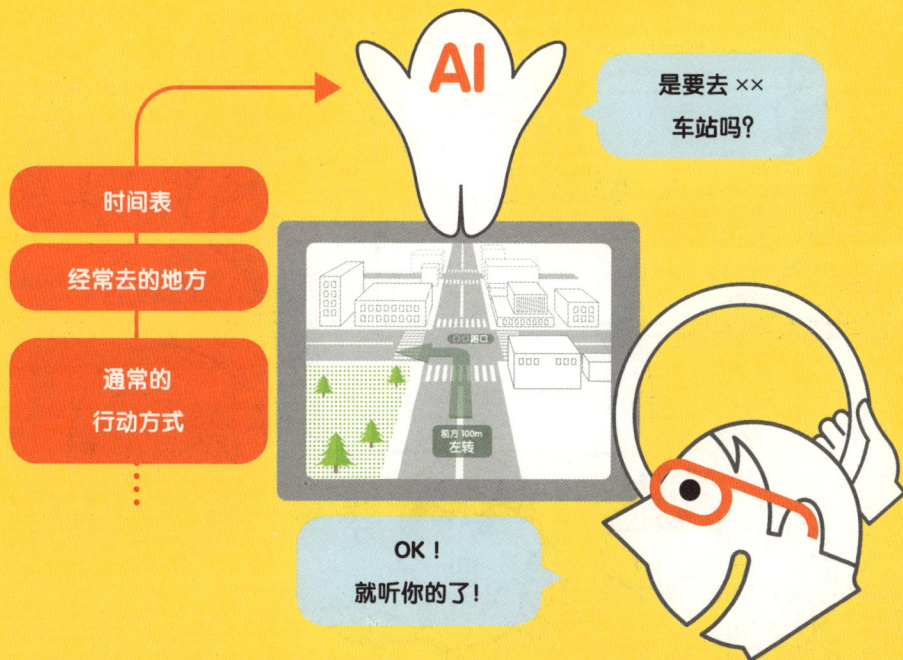

# 擅长翻译吗

晴空塔到了，真高哇！

都看不到顶上

那我们现在开始分组行动，要注意不能给别人添麻烦，大家都要开开心心的！两个小时后回到这里，记住了吗？

好——的！

赶快去展望台上！

等一下！不能自己一个人先走哇。

冲

啊，对不起！

咚

Ow！

啊！有个外国小朋友在哭！

你是不是把人家弄伤啦？

过分

我们来帮忙找吧!

她说丢了这件东西。

爱君太棒了，那我们分头去找吧!

我去问问失物招领处的人有没有收到这样的东西。

哔——

!!

与丢失的物品信息一致。

哔——

# 还在学习翻译

**AI** 的翻译功能是通过学习很多字典里的单词和例文数据来翻译单词或常见句子的。但翻译出来的文章会显得比较生硬死板。

但 AI 对于年轻人的一些流行语等数据中没有的词汇，就无法顺利翻译了。而且中文或其他一些语言中经常会有不加主语或用一些奇怪的名字之类的情况（朋友间的聊天经常会这样说）。还有我们的语言因说的人不同，意思也会时时变化。AI 有可能跟不上这样的变化。

人工智能通过使用机器学习的方法读取大量的句子，输出从统计角度上看起来正确的译文，这使翻译的精度得到了大幅提高。但 AI 并不能理解语言本身的意思，所以对于例文内容较少的领域则很难顺利翻译了。

对于经常不断变化的语言，AI 翻译起来有些棘手！

# 自动翻译的弱点

虽然通过自动学习使自动翻译的精度得到了很大的提升，可是自动翻译并没有学会语法等规则，就只是单纯地读取例文，输出统计意义上比较正确的译文而已。实际上自动翻译并不理解语法和词汇的意义，所以也具有弱点。

下面是让 AI 东机器君（参见第 53 页）为难的英语题。

---

排列①～⑥单词的顺序，使句子完整正确。

Maiko: Did you walk to Mary's house from here in this hot weather?

Henry: Yes. I was very thirsty when I arrived. So □□□□□□ drink.

① asked   ② cold   ③ for   ④ I   ⑤ something   ⑥ to

● 在如上对话中，Maiko 问 "这么热的天，你是走着去 Mary 家的吗"，Henry 回答说 "是呀，所以到了以后我特别口渴，So □□□□□□ drink"。

---

为了回答这个问题，东机器君搜索了 3300 万个句子，最后找到如下两种答案作为备选。

---

（1）So Cold. I asked for something to drink.（很冷。我要了些饮品。）

（2）So I asked for something cold to drink.（我要了些冷饮。）

---

这两句话从语法上都没有错误，最终 AI 选定了（1）。但如果是人类，就会知道上文中刚提到天气热，所以应该不会选（1）。而对于 AI 来说，没有人类的常识理解，所以可能会在这种众所周知的问题上犯低级错误。

# 有感情吗

94

# 没有感情，但是……

**很**遗憾，人工智能是没有感情的。像漫画故事里的爱君那样，让对方感觉高兴或讨厌，说一些看起来不着边际的话等行为都是它认为这个数据是最合适的答案而做出的判断。AI 自身没有喜怒哀乐的感情。也就是说即使自己有比别人强的地方，也绝对不会产生优越感。

但是，我们可以让 AI 呈现出看起来似乎有感情的效果。例如，在出现喜怒哀乐的语言时，可以预先设定其表情或动作，这样 AI 机器人就能看起来像人那样高兴或悲伤了。如果应用于宠物机器人上，这就是对人类有意义的技术了。但无论看起来是多么的有感情，实际上 AI 也是完全没有真正的感情的。按照现有的技术，还无法实现让 AI 拥有人类的感情。

什么时候能和 AI 一起笑就好了啊！

# 情感引擎的机制

日本软银公司开发的机器人 Pepper 是以开发有情感的机器人为目标的。常见的 Pepper 上装载有情感识别引擎和情感生成引擎。

## 情感识别引擎

这是根据对方的表情、声音来读取情感信息的功能。例如，在提供某些信息的时候，如果发现对方很高兴，就再进一步提供相关的更详细的信息。

## 情感生成引擎

这是控制 Pepper 自身情感表达的功能。如果对方笑了就一起笑，如果对方不太喜欢自己，它也表现出不开心的状态。

## 情感图

如果想知道 Pepper 的情感，可以从右图这样的情感图中确认。Pepper 当前的心情会在图中相应的位置发光。

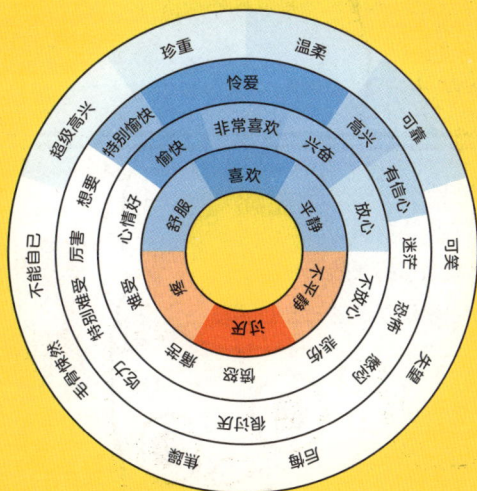

# 告别式

14点!
教授叫我了，
我要走了。

冲——

大家
再见啦!

愣住了

就这么随便地走了……

啊哈哈……

还是没有感情啊!

为爱君哭有点不值得呢!

……但是，像它那样的机器人就应该是这样的。

过了一段时间……

啊! 无聊!

有没有一些刺激点的事情呢？
唉——
大家看我！给大家介绍新同学。
升级后我又回来了，你们想我了吧！
当当——
手臂配置了电击模式！
好像又要开始很刺激的日子啦！
这有点儿太过刺激了吧……

# 人工智能擅长
# 和不擅长的事情

**本**章通过漫画故事来介绍人工智能擅长和不擅长的事情，看过以后你有什么感想呢？

AI 出现在互联网后，以前所未有的速度发展着，并且还在持续地飞速发展。但无论如何进化，让现在的人工智能像人类那样思考的一天也不会到来。这是因为，现在的 AI 只是把人类绝对无法记忆下来的庞大的积累数据使用统计方法输出正确的信息而已。虽然看起来 AI 是和我们一样在思考，但实际上它一个词的意思也没有理解。所以即使是在国际象棋中，具有在 1 秒内预测到 2 亿个盘面能力非常强的 AI，也无法看出小学生一眼就能看出来的文章里的错误，对于没有经历过的问题也完全不具备随机应变的能力。

搞不明白 AI
到底是聪明
还是不聪明呀！

人类的长处在于，即使是到了各种新的环境中，也可以从少量的信息中吸取重要的内容，对面临的状况进行灵活分析。而忘掉一些没必

要的知识，这种能力实际上也是人类生存过程中非常有效的。

今后 AI 研究的重大课题就是如何把人类的这种灵活性引入进来。AI 的发展需要重新审视人类的能力和特性，通过研究从而更深入了解人类本身的过程，也正是 AI 开发的有趣之处。

如果你的班里来了像爱君那样的同学，你会怎么想呢？会和它成为好朋友吗？会让它帮你做点什么呢？AI 虽然不具备人类那样的情感，但却能完成很多人类做不了的事情。现在，虽然 AI 没有实现人类大脑的效果，但我们在生活中已经可以利用到 AI 的许多优秀特性了。所以，你一定要了解 AI 擅长的事情以及不擅长的事情哦。

# 人工智能 搜索关键词

弄懂了这些专用词，你也可以做AI高手了！

我们将与 Part2 中内容相关的
AI 专用词汇集在这里。
虽然其中有些理解起来比较难，
但如果你有比较感兴趣的内容，
可以自己去继续调查一下哦！

## IoT（物联网）

指物品的互联网化（Internet of Things）。不仅是智能手机、平板电脑、计算机等通信设备，还包括汽车、冰箱、微波炉、空调等家电，以及在工厂中作业的机器人等，这些都在互联网上可见并可以通过互联网进行各种控制。

## MNIST

为 Mixed National Institute of Standards and Technology database 的简写，是指用于训练人工智能是否能正确识别手写数字的数据集。收集了从 0 到 9 数字的 7 万张手写数据，并分别为每个数字加上了正确答案的标签。

## 本体（ontology）

这原本是一个哲学词语，为"存在论"之意。在人工智能的研究中，遇到描述知识困难的问题时，需要"知识描述范本"，从而使本体的研究得到发展。其研究成果也用于自然语言处理领域。

## 聚类（clustering）

这是数据分析方法之一，是将大量的输入数据交给计算机，让其按照一定的类型或规则进行分组的方法。聚类通过无监督学习（参见第 15 页）来进行。也称为聚类分析。

## 形态分析法

把人类日常使用的语言（自然语言）分解为有意义的最小单位（形态元素），以备在理解文章或做翻译的时候使用。虽然将字典与机器学习结合起来使用时非常有效，但对类似"谷歌"这样的新词或一些语义模糊的词的分析，AI 经常会出现误判。

## 组合爆炸

这是关于组合数量的问题，指可行解的数量急剧增加。例如对于国际象棋来说，如果要预测之后的 10 手棋，则需要对 2700 兆的盘面进行评估。如果发生组合爆炸，找到最优解就会需要超大量的时间，这便导致问题无法解决（参见第 80 页）。

## 语义鸿沟（Semantic gap）

因为图像在计算机处理的时候被转换为（0，1）的符号列的集合，所以图像整体意义的信息就不再存在了。这样被数码化的字符串与图像本身表达的意思之间产生的偏离就称为语义鸿沟。

## 私人助理（personal assistant）

这是理解人类说话的内容，回答所需信息的系统。在输入（听取）部分运用语音识别、输出（发声）部分运用语音合成技术的私人助理正在飞速发展，包括 iPhone 的 Siri 及 Android 的谷歌助手、微软公司的微软小娜（Cortana）等都已经在实际应用了。

## 模式识别（Pattern Recognition）

对于用于图像或声音等现实世界的众多信息（模式），按照预先确定的概念（类别）区分开来。用于人工智能准确判断人脸的表情、声音、手写文字等模糊的自然信息。

## 多方式（multimodal）

指将多种感觉信息组合起来的对象。现阶段的人工智能虽然主要针对文本、图像、声音等视觉听觉等方面的信息，但今后可望研究出在视觉、听觉的基础上加入触觉、嗅觉、味觉等，开发出把多种信息结合在一起来识别和应对周围状况的人工智能来。

Part

**3**

AI 会让未来变成什么样

AI 帮我做了整体设计，
你觉得怎么样啊?

……嗯
很帅呀……

真是很有
个性的装
束……

**在 Part3 中我们将要了解**
**AI 会给生活带来什么样的影响，**
**一起想象我们未来生活的景象吧。**

# 汽车会变成什么样

**通**过在汽车上应用 AI，有可能实现自动驾驶功能。

这种情况下就不再需要方向盘、仪表盘、变速器杆等用于操作驾驶的部件，车内空间也会更加宽敞。以前一直是朝向行进方向的座椅，也可以自由安排朝向，也许在行进过程中乘车的人甚至可以一起开会，看电视、电影或是围在桌前用餐呢！

但要想使这种场景应用于私家车还是有很多需要解决的问题。在普通道路上，会出现突然有人跑出来等各种无法预期的危险，但人工智能的性能无论怎样提升，也不可能完全做到避免事故的发生。例如，在紧急场景下至少要牺牲一个人的时候，AI 该怎样选择等一系列的道德问题也必须要做出明确的设定。现阶段无人驾驶还仅限于在主题公园等按照固定线路运行的场景中应用。

如果不会晕车就更好了啊！

**现在的汽车**

车距是？

路线顺序？

红绿灯？

速度？

天气？

汽油？

人的位置？

累了……

后面的车？

道路拥堵吗？

可以变线吗？

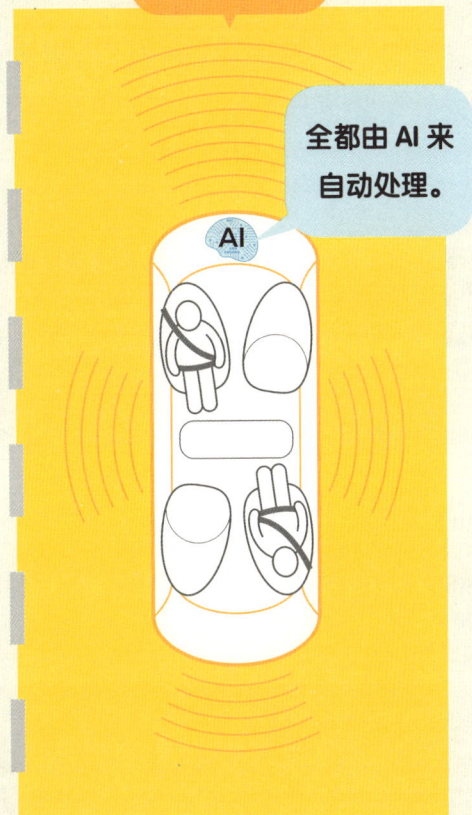

**未来的汽车**

全都由 AI 来
自动处理。

AI

---

😊 **想想看**

按照现在的社会交通状况，由 AI 来自动
驾驶汽车在路上自由行驶应该还很难实现。
但是人类驾驶汽车时越来越多的辅助功能可以由 AI 来承担了。
例如，通过发出声音指令来开关窗户；下雨的时候自动控制雨刷器；
发觉驾驶员出现异常情况时自然停车并通报紧急联络电话和救护车……
这类的事情应该可以实现了。

# 未来的我家
# 是什么样

也许人工智能会配合我们的生活方式，提供从早到晚的服务。例如，配合我们早上起床和晚上回家的时间，将房间的温度和湿度调节到舒适的状态；可以分辨说话人的声音，分别完成"打开窗户""烧洗澡水""换电视频道"等语音指令的处理。

但是，像电视节目或动漫里那样可以和人一样行动的 AI 机器人为我们做家务的状况还是很难实现的。这不但从技术上很难实现，而且人类形态的机器人也无法高效率地完成家务事。相比之下，自动发现墙壁和窗户上的污渍并清洗干净、把内衣或衬衫等形状相对有规律的衣服放到烘干机里烘干、自动叠衣服等功能，如果可以在家具或电器上装载 AI，应该可以让家用电器的相关功能得到更好的提升。

有了 AI，貌似人会越来越懒……

## 未来的家

全是 AI！

个人电脑
智能音箱
数码相机
智能手机
平板电脑
空气净化器
窗户
空调
电冰箱
微波炉
电饭煲
电视机
洗碗机
洗衣干燥机
自动叠衣机
厕所
浴缸
扫地机器人

---

## 想想看

家是我们一生大部分时间要生活的地方。
未来的住宅设计将以需求护理为设计前提，
具备从床到厕所的人工智能支援功能。
可能有的人会觉得这种住宅的维护成本过高，
他们更希望过上山中小屋式的自然简约的生活。
你觉得家应该是什么样的呢？

# 未来的健康管理
# 会是什么样

**对**自身进行健康管理是件很复杂的事情，通常不仅孩子不容易做好，大人做起来也不是一件轻松的事情。但 AI 可以根据每个人的条件采取相应的管理方式。

AI 通过对体重、血压、运动过程中的心率和热量消耗量等进行数值管理，根据"饮食过量""蔬菜摄取不足"等结论，轻松设计出最适合个人的运动方案。另外，在身体状况不好的时候，AI 可以进行初步的诊断。如果需要做检查，可以代为寻找合适的医院和帮忙预约相应的检查，甚至还可以对容易忽略的服药时间进行提醒。如果运用得当，也许人工智能会成为令人信服的私人健康顾问呢。

是不是可以不出家门就接受体检呢？

另外，如果大部分体检过程都自动化了，那大家都可以用更少的花费来进行体检了。为了让人们更加健康长寿，也有必要积极地运用人工智能来对人进行健康管理。

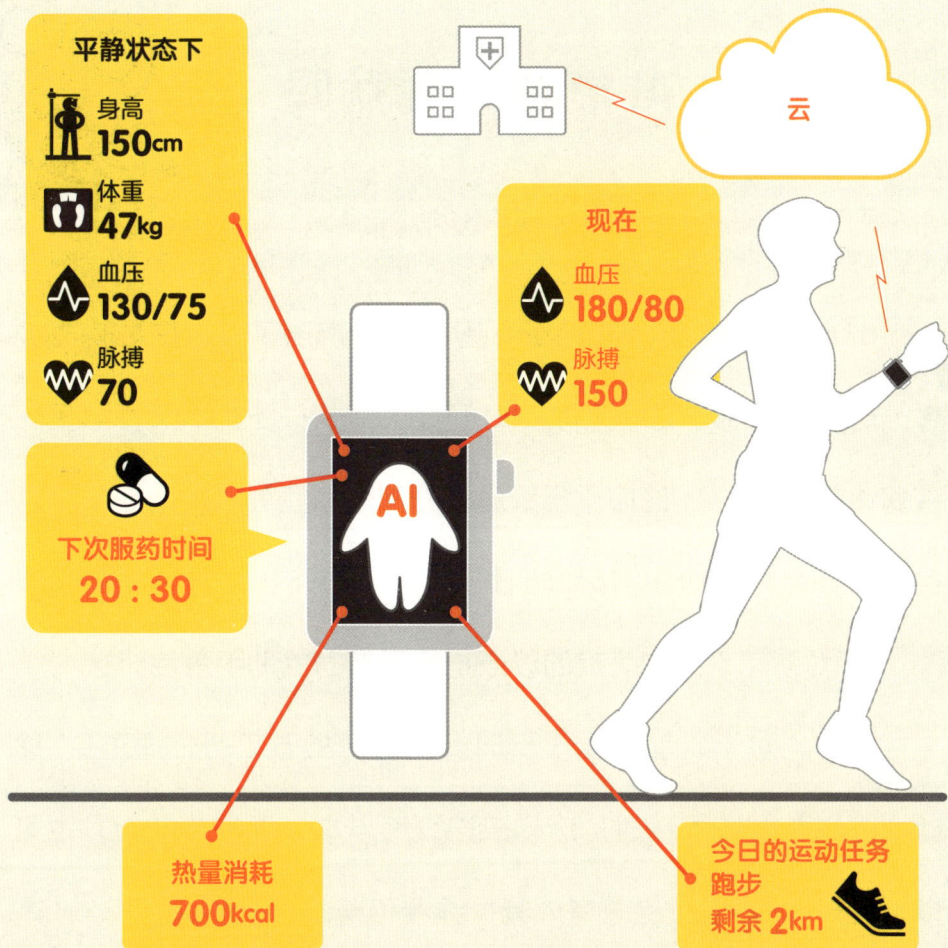

平静状态下

身高 **150cm**

体重 **47kg**

血压 **130/75**

脉搏 **70**

下次服药时间 **20：30**

现在

血压 **180/80**

脉搏 **150**

云

热量消耗 **700kcal**

今日的运动任务 跑步 剩余 **2km**

---

**想想看**

通过不断发展预防医学，

体检可以根据遗传基因信息调查

是否容易患癌症、生活习惯病、糖尿病等，

并且预测寿命、诊断病症的精度也会得到提升。

但是得到这种预告到底是好还是不好，

又涉及了伦理道德问题。

你愿意对自己的人生预知到什么程度呢？

# AI 能给人看病吗

**2**016 年人工智能 Watson<sup>※</sup> 因很快分辨出了特殊白血病而及时挽救了患者的生命，一时间成为新闻关注的热点。可见在疾病诊断领域，AI 的应用已经很活跃了。特别是对于一些病症种类繁多，而每位医生实际诊断过的病例也只有一小部分的情况，AI 就能对意想不到的病症的诊断扮演强有力的助手角色。

另外，对于以前需要很长时间的影像检查项目，通过 AI 诊断也可以大幅缩短耗时。这样应该既可以减少医生的负担，也可以通过与 AI 的双重检查有效减少漏看和误诊。

对于到医院的就医记录，也开始由 AI 进行分类管理。这样通过将患者以往患过的病症以及在多家医院治疗的信息收集，进行统一管理，就可以实现更安全高效地用药和接受治疗。而且不仅可以变换主治医生，还有助于大幅缩减在医院的等待时间。

※Watson → 这是 IBM 公司开发的代表性的人工智能产品，但 IBM 并未将 Watson 定义为人工智能，而是定义为认知计算系统。

**未来的医院**

检查数据

1 2 3

论文数据

论文

影像确认

AI

AI

双重确认

患者 ⟷ 交流 医生

想想看

虽然 AI 参与诊断
并助力于疾病的早期发现治疗,
但依然无法将未来 AI 与医生画等号。
AI 最多只能是为医生提供帮助的工具。
如果只是追求效率而过于依赖 AI 诊断,
则有可能会出现漏诊或误诊的情况。

# 自动化购物

未来的超市应该会与现在的有很大不同，会实现高水平的自动化。未来超市中应该不再需要收银台的收银员，而是会自动计算放入购物篮中的商品。支付过程也以无现金化支付为主，这样排长队结账的情况会得到大量缓解。可能会出现只有能顺利支付的人才可以进入的超市。而店里的摄像头会通过 AI 的图像识别来承担保安员的工作，这样就可以大量减少超市里发生的偷盗行为。

从消费者的立场来看，不仅购物会实现自动结算，而且应该可以通过物联网（IoT）<sup>※</sup>与自家的冰箱及收纳柜连接，这样就可以轻松掌握需要补充的食材和日用品的数量。也许还会出现在把商品放入购物篮的同时，此商品的下一次购买日期就会显示出来的服务呢。

> 这样就不会发生食物坏在冰箱里的情况了吧。

※IoT → Internet of Things，指物品的互联网化（参见第 104 页）。

想想看

目前网上购物（送货到家）非常普遍，
预计今后也将会不断增加。
因为实际到商店买东西的消费者在减少，
所以超市、商店的数量也会整体减少。
这样可能只有那些提供独家销售商品或
服务的店铺才会被保留下来。
如果是你，会去什么样的商店购物呢？

# 未来的餐馆
# 会是什么样的

**现** 在已经有很多餐馆开始使用触摸屏电脑提供菜单并点菜了，如果再与使用人的个人数据联动起来，就可以根据这个人的喜好、身体状况、病史及过敏情况而使其方便查到最适合自己的菜单。

而店家可以将每天点菜时收集来的大数据，用于开发菜单及高精度管理库存（减少食品废弃率），AI 应该可以将这些都统一管理起来。

与此同时，让机器人像人一样烹饪美食的事情现阶段还无法想象。而在店中不设厨房，只是将半成品食品用微波炉加热即可直接供餐的方式可能会越来越多。

这种方式提供的饮食口味不受厨师手法的影响。对于一些需要提供不变口味的餐馆来说，应该可以更多运用到 AI。

如果可以推荐一些合适的菜品，那还是挺不错的嘛！

大数据

AI

AI

库存管理

开发新菜

AI

收集点菜信息

AI

联动

显示适合
我的菜单！

个人数据

推荐菜单

---

**想想看**

通过把库存管理等
后勤工作交给 AI 来完成，
虽然会使店里的人手减少，节约了成本，
但有充足的服务员却可以根据顾客的
各种状况提供更加细致的服务，
这样看来一些服务业还是
需要由人来承担服务工作吧？
在去餐馆时，你期待得到什么样的服务呢？

# 有了 AI
# 能减少犯罪吗

**如**果对每个人的辨别都是通过指纹验证、人脸识别、声纹识别等方式进行，那么需要出示 ID 卡或身份证的机会就越来越少了。

这样的话，回家的时候开门不用钥匙；使用电脑的时候各种登录不需要输密码；结账过程也可以完全实现无现金化了。

另外通过由 AI 对摄像头拍摄的内容进行图像分析，应该有助于逮捕通缉犯；通过与位置传感器联动，应该也可以帮助定位地铁里的不法分子。

一些大厦的物业和保安也可以由装载 AI 的摄像头或机器人来完成工作，这就可以使安全管理的无人化得到有效发展，从而大大减少人员开支。

与此同时，摄像头也涉及隐私问题，虽然从技术角度来看是可行的，但一些服务实现起来还是会有各种各样的问题有待完善。

利用 AI 来做身份认证的话，是不是就不容易蒙混过关了呢？

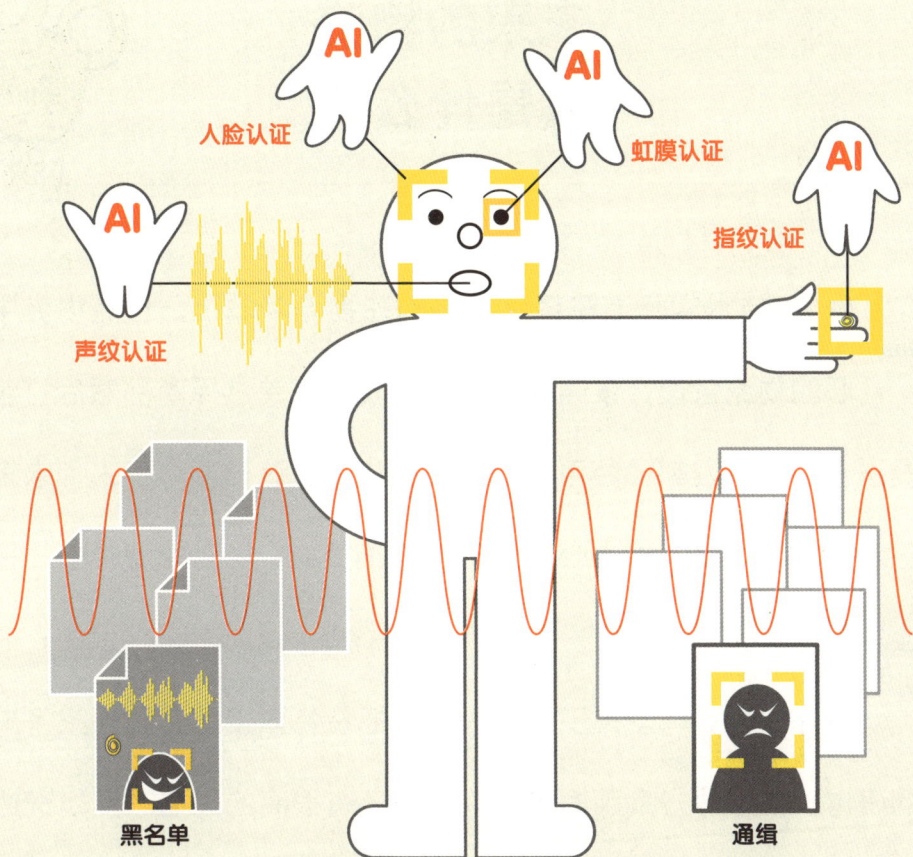

人脸认证

虹膜认证

声纹认证

指纹认证

黑名单

通缉

对于网络攻击、计算机病毒这类的
安全检查工作都会由 AI 在侦测到后进行诊断和处理。
但无论技术如何先进，由于发起攻击的一方也会运用 AI 技术，
所以很有可能会呈现无谓的循环往复的状况。
因此在个人信息不断被数字化的进程中，
虽然会带来很多生活上的便利，
但是一些前所未有的烦恼也会随之而来。

# 未来的物流会是什么样

一些 AI 技术实际上已经开始应用在物流领域了，仓库物流中心的物流管理，按照受理的消费者的订单选择商品然后打包发送一系列流程都已经可以由机器完成了。这样发展下去，未来已经不需要人在物流中心各处走动收集货物，所以物流中心几乎会呈现无人状态。

另外，也有一些关于由无人机 ※ 把货物直接配送到各家各户的研讨，但这种方案距离其实际应用还有很高的门槛。例如送达的商品放在什么地方、无人机意外坠落危及人类的话谁来负责等，还有很多像这类难于解决的问题。而自动驾驶的汽车也很难在普通道路上行驶（参见第 108 页），所以无驾驶员派送的状况也还为时尚早。

在这之前需要先制定相应的规则哦。

---

※ 无人机 → 可以进行自主飞行或远距离操作的小型无人飞机。

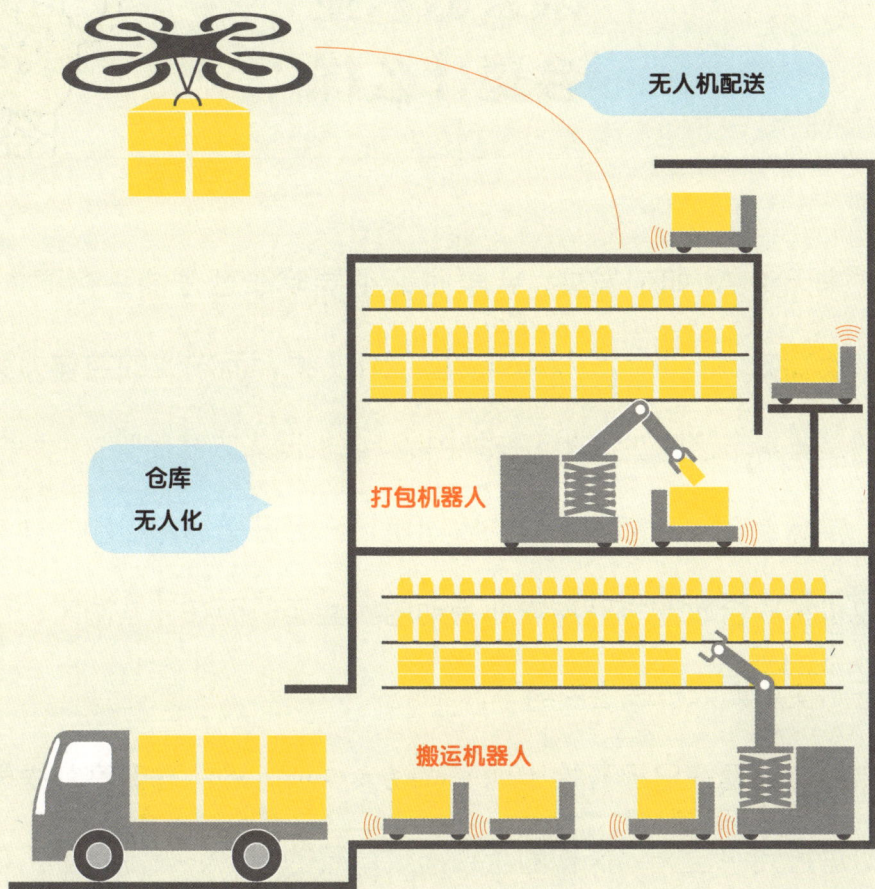

无人机配送

仓库
无人化

打包机器人

搬运机器人

想想看

由于安全性问题的考虑，
使用无人机将货物送到各家
应该比自动驾驶汽车更难实现。
但在几乎无人的物流中心等
一些限定的区域内使用无人机的
机会应该会越来越多。

# 未来的农业
# 会是什么样

未来无论 AI 如何发展，人类也必须要吃东西才能生存下去。现在农业从业人口平均年龄约为 67 岁，而农业的重体力劳动还是非常辛苦的。这些工作能由 AI 或机器人来替代吗？

实际上在国内部分乡村的农田里，已经开始运用自动驾驶的拖拉机和联合收割机开展农业劳动的实验了。而在一些国家，已经开始使用无人机喷洒农药了。

另外，现在已经开始出现了谢绝人类进入的特殊温室，里面开始进行几乎全无人操作的西红柿或草莓的栽培。在温室里设置有自动供水器，通过传感器对温室内的各处的温度和湿度进行自动管理。还可以通过摄像头监视植物是否患病。而人类的进入，容易带入病原菌、害虫等，所以人类不进入反而有助于无农药作物的生产。

很想早些吃到 AI 帮忙培育的蔬菜水果！

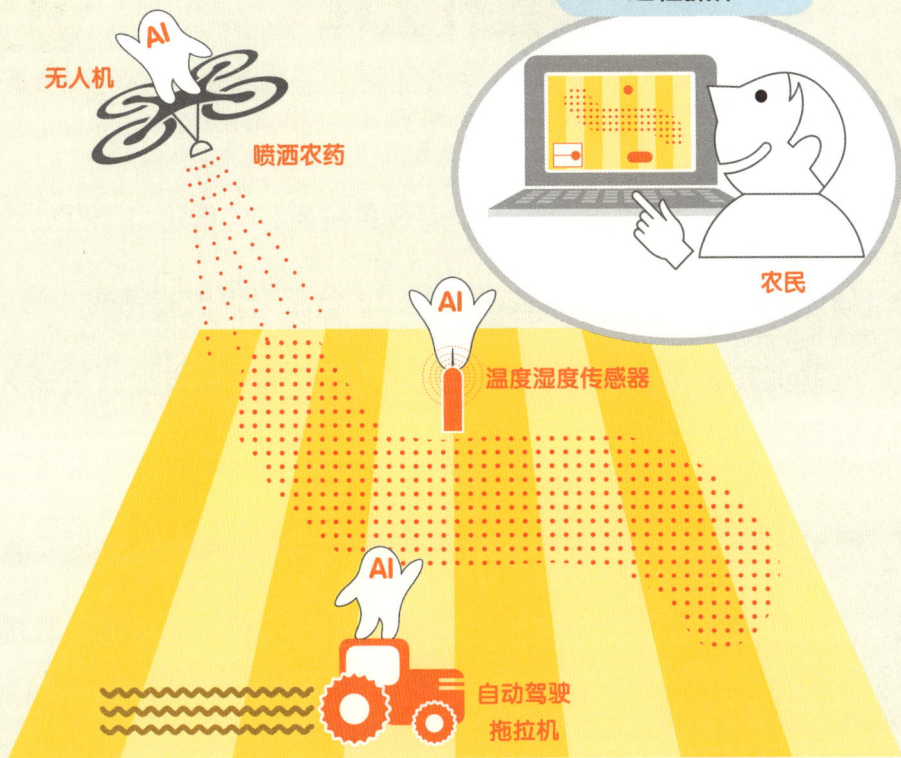

运用 AI 的农业作业

远程操作

无人机

喷洒农药

农民

温度湿度传感器

自动驾驶
拖拉机

想想看

虽然现在有些国家的人口正在减少，
但全世界的人口每天平均还是会增加 20 万人。
通过运用 AI 可以提高农业的生产效率，
有望为全世界的粮食供应做出贡献。
一起来想象一下未来的农家生活吧！

# 未来的银行
# 会是什么样

**在**中国，通过 ATM 机已经可以完成各种各样的银行业务了，今后银行的窗口业务也将会有更多的部分来交给机器完成。

一些纸质的文件不再存在，业务都通过终端机完成，误输入的情况会越来越少，因为通过语音和触摸屏可以双重确认重要事项。而结算和转账也将使用区块链※技术，所以现金结算将不复存在。提取存款时可以通过验证指纹或进行人脸识别来进行，能有效降低犯罪。

而以前认为最复杂的融资审查工作，其中有明确规则的个人经营公司，将由 AI 进行判断。但其中一些没有过往数据的创业企业的融资审查，还是需要由经验丰富的银行工作人员来完成。

银行工作的劳动力将大幅缩减，实体店面的数量应该也会减少。提供在线服务的互联网银行应该会成为主流。

---

※ 区块链 → 将交易记录（即 transaction）进行分散管理的技术。
这是虚拟货币比特币所使用的核心技术，系统安全性好且使用成本低。

## 未来的银行

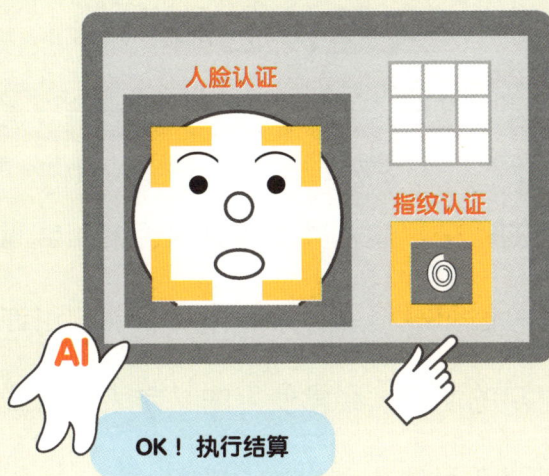

人脸认证

指纹认证

**OK！执行结算**

文书

印章

现金

### 想想看

今后无现金化进程将进一步发展，
这种无现金化的使用会对各种经济领域产生影响。
对于人们来说，钱的概念和使用方法也会发生变化，
银行的作用应该也会随之发生改变。
除了银行以外，还有什么地方会
发生功能上的转换呢？
一起来想想看吧！

# 未来的社交媒体会是什么样

**现**在我们使用的社交媒体软件通常是自己拍照或写一些文字上传发布。而今后可能将会运用到人工智能，也许会学习用户自身的偏好、喜欢的话题、经常使用的文字表达方式等，可以由AI自动发布几乎能匹敌本人创作的内容呢。

人工智能可以让有相同爱好或性格相投的人联系起来，而把可能发生不愉快的人通过不显示彼此言论等方式尽量隔离开，从而构建最适合每位用户的网络。

另外现在一些借助社交媒体软件进行的市场调查等工作也更加活跃。通过收集每个人用智能手机实时发出的信息、判断、感想等，将其用于促进经济和开发新的服务，并用于提前发现危险隐患而采取安全措施，这类领域应该都会有所发展。

这样的话，在社交媒体软件上的一些无聊口水战也可以少一些了吧……

自动发布模式

给孩子的未来科学

KODOMONOKAGAKU

人工智能

这本书我都会觉得很有意思呢！

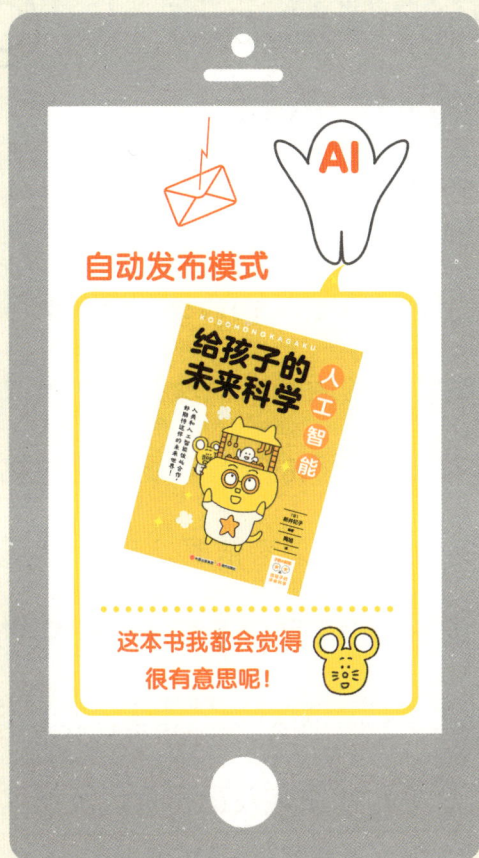

真的像我自己发的呢！

---

想想看

将 AI 运用在社交媒体软件上
虽然比以前更方便，
但可能会出现更多的错误信息，
分辨是否为伪造信息也将成为难题。
为了防止一些伪新闻和谣传横行，
也需要运用 AI 来帮忙解决。
你觉得还有什么方法可以有助于
安全使用社交媒体软件呢?

# 未来的体育运动会是什么样

**在**未来世界，运动员的身体状况、受伤情况、时间安排等都会由 AI 代为管理。而运动员的运动成绩及身体状况数据都将被数值化，对于团队竞技来说，成员的选用和更换的时机也将把由 AI 提供相应的参考数据作为重要参考依据。在体育运动领域，未来胜负也许会取决于教练员及陪练员能否充分利用 AI 的力量。

另外，今后还将出现更多远距离对战的体育运动。近年来，人们通过互联网合作开展对战的社交游戏已经很普及，这应该也会带动社交游戏的现实体育版的发展。例如，在进行 100m 短跑比赛的时候，同时播放远方的其他人也在赛跑的场景，就可以实现这种虚拟赛跑了。

会不会出现著名的 AI 教练呢？

## 未来的足球运动

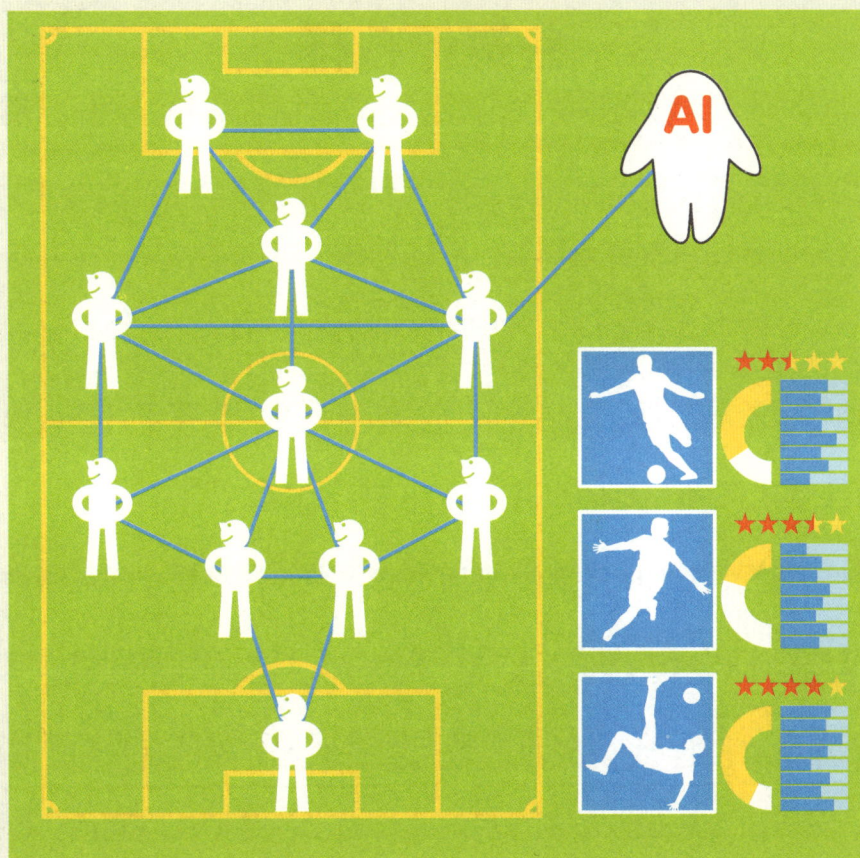

面向个人的运动教练中
应该也会出现 AI 的身影。
可以针对每个人的年龄、性别、
是否有运动经验而分别给出相应的建议方案。
也可以在健身房充分运用这项技术，
应该会对所有国民的健康起到很好的促进作用！

# 未来的旅行
# 会是什么样

**我**们现在如果打算去旅行，可以使用比价网站调查"从北京到巴黎哪个航班最快""如果想要住在这个酒店，哪个网站提供的预订服务最便宜"等信息了！但也许在不远的将来，会出现可以定制与自己最匹配的高满意度 AI 旅行管家。

先回答几个问卷问题，如有多少预算？是不是喜欢运动类的活动？对文化或历史相关的是否感兴趣？是不是要参加热闹的活动？等等。这样 AI 会根据问卷的回答结果来提供相应的旅行方案。旅行结束后输入的满意度还会作为学习数据加以利用，这样就有助于之后提供满意度更高，更适合自己偏好的旅行方案。

如果去国外旅行，你可能会担心语言不通的问题吧！没关系，对于一些旅行所需的固定说法，例如"最近的地铁站在哪里""我需要点餐"等句子，语音识别和机器翻译的精度在不断提升，已经可以帮助你把想说的话自动翻译成当地语言了。

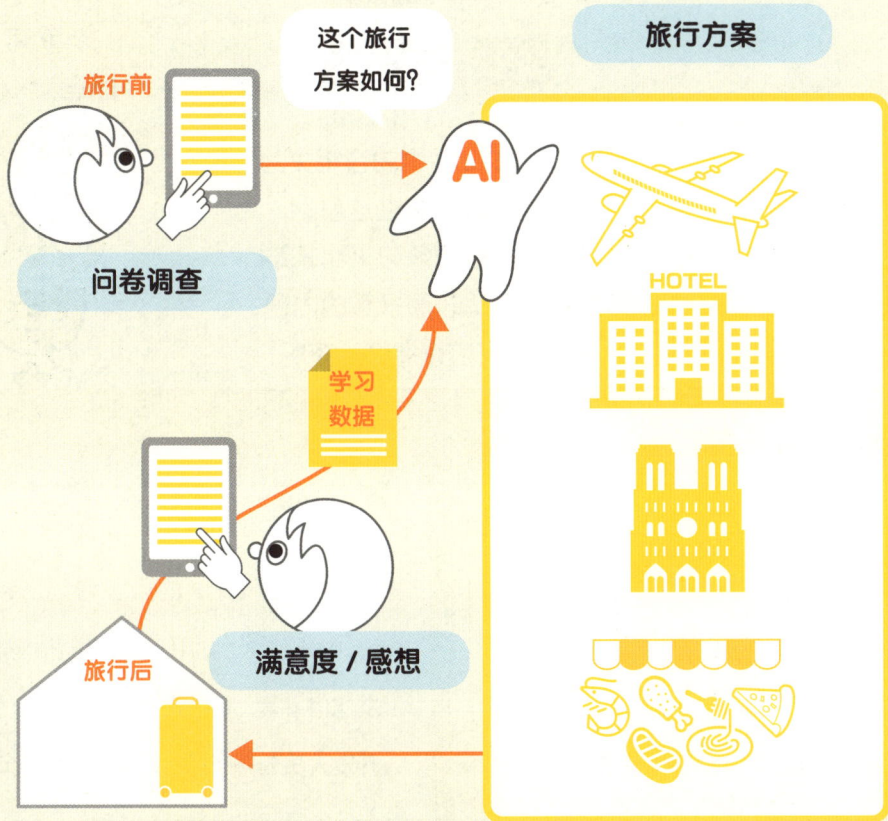

这个旅行
方案如何?

旅行方案

旅行前

问卷调查

AI

学习
数据

HOTEL

满意度 / 感想

旅行后

**想想看**

要去国外旅行时,
想在各个国家接入互联网,
需要面对各国不同的服务商。
如果都能像各地的电话卡可以全国通用那样,
在哪里都可以使用自己的智能手机安全连接到互联网上,就再好不过了!
你再来想想在旅行的地方还有可能出现什么问题呢?
再来思考一下这些问题未来有可能通过 AI 来帮忙解决吗?

# 人工智能
# 搜索关键字

弄懂了这些专用词，你也可以做 AI 高手了！

我们将与 Part3 中内容相关的
AI 专用词汇集在这里。
虽然其中有些理解起来比较难，
但如果你有比较感兴趣的内容，
可以自己去继续调查一下呀！

## 智能音箱

这是装载了人工智能的音箱，也称为 AI 音箱。特征为接续在互联网上，可以只通过声音来操作。除了播放音乐外，还可以通过简单的对话控制家电等。其中谷歌公司的"Google Home"、亚马逊公司的"Amazon Echo"较为著名。

## Alexa

指亚马逊公司开发的人工智能。装载在 Amazon Echo 上，用于识别语音播放音乐及发送信息等。其特征之一为面向企业和个人开发人员公开了扩展功能，这样就可以根据自己的喜好来定制其功能了。

## corevo

这是日本的 NTT 集团提供的 AI 相关技术的品牌名称。由辅助人类的"Agent-AI"及预测控制近期未来的"Ambient-AI"等四种 AI 技术组成。通过与企业和地方政府合作，面向社会提供运用 corevo 的新服务。

## DQN

这是由谷歌 DeepMind 开发的人工智能，通过将深度学习和强化学习结合在一起的算法来运转。对于一些没有教授规则的博弈，也可以通过自行学习而发布得分很高的研究报告，因此颇受关注。

## DeepText

这是 Facebook 公司开发的用于理解文本的引擎。1 秒钟内可以分析 1000 条消息。从消息中提取意图，实现只将用户感兴趣的信息在时间轴上显示出来的效果，为Facebook 的运用提供了很好的帮助。

## 可穿戴设备

这是指穿戴在手腕或头部等身体部位上的终端设备。有眼镜型的，还有手表型的，特别是其可以替代智能手机的方式而备受关注。穿戴在身体上可以处理身体信息，这也有望在医疗及体育运动领域得到很好的运用。

## 任性的人工智能之"我是作家"

这是以日本作家星新一留下的短篇小说为基础，由人工智能写小说的一个研究。2016年曾参加"星新一奖"文学奖，并顺利通过了初审，因此而备受社会瞩目。但实际上现在人工智能还无法从零开始撰写小说，其故事情节、结构还是要由人类完成的。

## 自动驾驶汽车

通过借助雷达及 GPS 等来识别周围的环境，实现汽车无须人类操作而自动行驶。其自动化的程度分为 0~5 级，自动刹车等辅助驾驶定义为 1，所有的状况下都由系统驾驶的状态定义为 5 的水平。

## 金融科技（FinTech）

这是将 Finance（金融）与 Technology（技术）组合在一起的新词，意为利用 IT 技术的金融服务。随着使用智能手机的银行卡结算等金融科技的发展，使以往只能在银行及证券公司等处提供的服务可以更"低价、快速、方便"地实现。

## 沃森（Watson）

这是 IBM 开发的学习型问题应答系统。沃森根据所积累的数据，为回答问题提供最合适答案的建议。2011 年因在美国的竞猜节目中胜过历代冠军而备受关注。其后不断发展，有望在医疗及金融等各领域发挥作用。

为了和 AI 做朋友

我也可以和
AI 做朋友吗？

当然可以了！

嗯嗯！

**生活中会出现**
**越来越多的人工智能，**
**为了和它们友好共处，**
**一起来想想我们需要做的事情吧！**

# 未来人工智能的
# 实际应用

**2**0 世纪的人工智能（AI）思维死板，只要和预设的稍微有点不一样就无法应对了，所以可以做的事情很有限。相比 20 世纪的状态，现在最新的 AI 随机应变性能已经很高了。

例如，如果你在搜索引擎的搜索栏中输入关键字的时候出现误输入，搜索引擎则会确认正确的内容，或自动变换成正确的内容来显示搜索结果。虽然比起人类的灵活性来还相差很多，但随着 AI 灵活性的提高，使得其可以运用的领域也会越来越多，除了 Part3 中介绍的领域外，可以应用的范畴一定会不断扩大。

而且今后还会出现一些人类的职业被 AI 替代的现象，由人类承担只有人类才能完成的工作。我们未来应该会迎来这样的社会状况。

以后我会不会有个 AI 同事呢？

在 Part4 中，我们一起来思考如果身处需要与 AI 分工合作的时代，我们需要做些什么才能更好地生存下去的问题吧。

# 不断进化的 AI

**过去的 AI**

AI

· 所有的定义和知识都需要由人类事先输入，只能按照事先确定好的方式来应答。

**现在的 AI**

AI

· 使用大数据学习后，可以很大程度上灵活识别图像和语音，并进行应答。
· 如果具备一定的充分条件，则有可能自行学习知识或规则。

**未来的 AI**

AI

· 会比现在更加灵活地处理人类的各种要求吗?
· 会扩大自行学习规则及知识的范围吗?
· 可以提供更多与机器人的身体配合起来的服务吗?

AI 虽然比起人来说还是很死板，
但现在的状况已经比以前灵活了很多。
随着今后的不断发展，AI 将越来越灵活，
这样可以充分应用的领域也会越来越多!

# 人工智能
# 无法做的事情是什么

**如**果让 AI 诊断一个人"是否可以胜任某项工作",它应该会根据销售成绩及收入水平等因素瞬间判断出来。

但实际上判断"是否胜任工作"仅靠这些是不够的。例如,如果有一个人很受同事的欢迎,并且能和与大家关系都不太好的上司保持很好的沟通,那这个人怎么样呢?可能他的销售成绩并不太好,但因为这个人的存在可以让大家保持工作热情,并且可以有效防止其他优秀人才从公司辞职,这在一些直接数值无法显示出来的方面为公司带来了利益。

如果仅依靠 AI 来做出对事物的判断,则可能会疏忽这些无法进行数值化的因素。

> 有很多事情是无法数值化的呀……

不断理解提升是只有人类才会拥有的能力,这也正是 AI 无法实现,而人类最强的地方。

# 人类和 AI 谁更厉害呢?

## AI 比人类擅长的能力

- 记忆能力
- 计算能力
- 坚持能力
- 精确性

等

## 人类比 AI 擅长的能力

- 交流能力
- 想象力
- 灵活性
- 感受性

等

与通过庞大数据找出统计意义上的正确答案的 AI 不同,人类具备举一反三的能力。一些人类下意识所完成的简单反应,对于人工智能来说才是最难实现的。

# 人工智能会
# 抢了人类的工作吗

**AI** 非常擅长积累知识、按照步骤完成作业、整理大量数据的趋势等领域的工作。但对于大多数人类比较擅长的通过看、听、感觉等各种感受收集信息的能力、生活常识、高水平的理解能力、灵活判断的能力等，AI 却并不具备。所以很多不需要过多体力劳动的白领<sup>※</sup> 工作，以及一些不需要独创性或较高判断能力的工作可能今后会不断由 AI 代为完成了。也有预测表明，在 20 年后可能会有现在一半左右的工作都由 AI 代劳了。

而剩下的基本就是需要沟通能力及理解能力的工作，还有一些需要灵活判断能力或需要运用创意能力的事情。所以无论今后要从事什么行业，也要记得让自己在那些无法被 AI 抢走的，AI 不擅长的领域更加钻研哦！

> 沟通是非常重要的呀！

※ 白领 → 原意为穿白色领子衬衫的人，现在主要指从事脑力劳动和事务性工作的人们。

# AI 擅长的工作和不擅长的工作

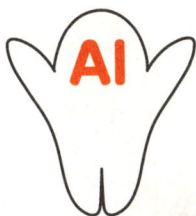

**AI 擅长的工作**

- 数据收集、加工、分析
- 接受订单、下订单
- 操作工厂设备

......

**AI 不擅长的工作**

- 重视沟通能力的对人服务
- 农业等第一产业
- 经营者

......

# 10~20 年后
# 依然存在的职业

我们再来具体看看今后应该还会存在的职业是什么样的吧。

牛津大学于 2013 年发表的研究报告※ 表明，10~20 年后，美国的 702 个职业中几乎一半将不复存在。以此为背景，我们对"依然存在的职业"进行预测，按照其可能性排序后，将排在前面的部分列于下页的表中。

我们寻找这些"依然存在的职业"的共同点后发现，前一页中介绍过的需要沟通能力、理解能力以及需要灵活判断能力的劳动类工作比较多。

为了可以胜任 AI 无法替代的工作，不仅需要提高自己的理解能力及基本常识水平，而且让自己拥有足够的灵活性和想象力也是非常重要的。另外在当今社会，创业的门槛很低，我们也可以去挑战一些新的职业。AI 擅长的是根据过去的大量数据来提取趋势，所以对于没有数据积累的新型工作来说，就不会轻易与 AI 产生竞争关系了。现在的时代，只要通过互联网，就可以借助到 AI 的力量，真是前所未有的易于创业的环境啊！

找到人们生活中感到不方便的事情，并寻求解决方案，就可以产生这个社会非常需要的新行业。所以一定要充分利用自己身上 AI 所不具备的创造力和想象力勇敢挑战哦！

## 前 25 种 10~20 年后依然存在的职业

| 1 | 娱乐治疗师 |
|---|---|
| 2 | 保养、安装、修理现场督导人员 |
| 3 | 危机管理负责人 |
| 4 | 心理健康、药物相关社工 |
| 5 | 听觉训练师 |
| 6 | 作业治疗师 |
| 7 | 牙科矫正医师、义齿技师 |
| 8 | 医疗社工 |
| 9 | 口腔外科医生 |
| 10 | 消防、防灾的现场督导人员 |
| 11 | 营养师 |
| 12 | 酒店管理人员 |
| 13 | 编舞师 |
| 14 | 销售工程师 |
| 15 | 内科医生、外科医生 |
| 16 | 教育协调员 |
| 17 | 心理学学者 |
| 18 | 警察、刑事现场督导人员 |
| 19 | 牙科医生 |
| 20 | 小学教师（特教除外） |
| 21 | 医学学者（流行病学除外） |
| 22 | 中小学的教育管理人员 |
| 23 | 足病医生 |
| 24 | 临床心理医生、顾问、学校辅导员 |
| 25 | 心理治疗师 |

※ 牛津大学研究报告 → C.B.Frey and M.A.Osborne, "THE FUTURE OF EMPLOYMENT: HOW SUSCEPTIBLE ARE JOBS TO COMPUYERISATION?" September 17, 2013.

# 养成问"为什么"的习惯

**如**果生活在与人工智能共存并分工合作的时代，对于人类来说重要的是需要把只有人类具备的能力努力强化起来。既然在数据收集和计算速度方面无法匹敌 AI，那么就要让人类问"为什么""有什么根据"这种会质疑的能力以及有序思考的逻辑思维能力不断强化。在这些方面，AI 还是远远追不上人类的。

了解经验，从逻辑上理解原因，自己可以从逻辑上说清楚，这个过程中人类理解的水平是不断变化的。AI 只能是将过去数量庞大的数据（经验）导出统计意义上的"最像正确答案"的结果而已。所以我们日常要养成对于已经知道的事情也问个为什么的习惯，这样锻炼出来的逻辑思维能力是 AI 无法应对的，也会为创新起到积极的作用。

经常思考"为什么"是很重要的事呀！

# 教科书是最重要的基础

我们在上中小学时会学习语文、数学、科学、社会等各种各样的课程。虽然每门课的具体内容是不一样的，但你觉得各科之间的相同点是什么呢？就是使用教科书来学习这件事。虽然每节课都是由老师讲授，但整体上都是按照教科书的内容来推进课程。

所以无论是哪个科目都要认真学习，要有理解教科书上内容的能力。问"为什么"的逻辑思维能力和阅读能力也正是通过这个过程养成的。

长大之后的阅读能力也是非常重要的。如果有一天，你改变了原来的梦想而想从头再开始学习什么的话，必须要通过看书和参考资料来获得知识。假设有一天公司里来了 AI，你的工作内容也许会有变化，但这时也是需要学习相关的说明书和指导资料的。

也许你会觉得，等长大了这些能力我们就自然而然地掌握了，其实并非如此，这方面的情况我们会在下一页中详细解说。

下一页，Go！

# 阅读能力和 RST

　　日本国立信息学研究所为了调查日本初高中生的阅读能力，开发了叫作"阅读能力测试（RST）"的测试。在 2016 年 4 月至 2017 年 7 月，全日本有 2.5 万人接受了测试。从测试结果看，初中生和高中生的基础性阅读能力要比预想的水平低。

　　所谓基础性阅读能力低并不代表不会学习或不会考试。只要具备基础知识和计算能力，不需要很高的阅读能力就可以获得较高的考试分数。但这不就和 AI 差不多了吗？

　　RST 的题目中，例如下面的第 1 题，正确答案是②，其实回答这个题目不需要基础知识，只要具备基础阅读能力就可以了。但第 1 题回答正确的初

**第 1 题**

请阅读如下内容。

　　佛教在东南亚、东亚，基督教在欧洲、南北美洲、大洋洲，伊斯兰教在北非、西亚、中亚、东南亚有所普及。

根据上段内容，请从如下选项中选择最合适的一项填入。

　　在大洋洲普及的是（　　）。
　　①印度教　②基督教　③伊斯兰教　④佛教

中生为 62%、高中生为 72%。也就是说，三个初中生中至少有一个人，十个高中生中至少有三个人回答错误。

再来看下面的第 2 题。这是需要领会图表意思的题目，也是只要具备基础阅读能力就能比较轻松答对的题目，正确答案是②。但实际上答对的初中生只有 12%，高中生也只有 28%。

通过调查结果可知，日本目前在初中毕业阶段的学生中，约有三成学生的基础阅读能力不足。而且从阅读能力的平均水平来看，初中阶段有所提升，而高中阶段基本没有明显提升。由此可知确实存在不少没有切实理解教科书的学生。

实际上，类似第 2 题这样的题目对于 AI 来说也会很棘手，而现在似乎人类也只能像 AI 那样死记硬背地学习而没有掌握基础阅读的能力了。正是这个原因，希望你们更要注意从小学阶段就开始养成读懂教科书的能力。并且要找到读不懂的地方，记得时常问为什么。只有这样才能培养出 AI 所不具备的能力。

## 第 2 题

阅读下文，选出表示甲级联赛运动员出身国家比例的正确图表（　　　　）。

在甲级联赛的运动员之中虽然有 28% 为美利坚合众国以外出身的运动员，但如果再看具体的出身国家可知，其中来自多米尼加共和国的最多，约占 35%。

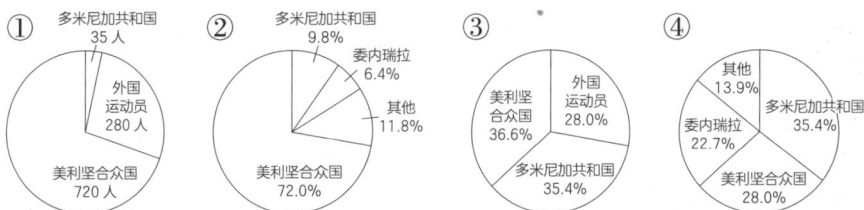

① 多米尼加共和国 35 人 / 外国运动员 280 人 / 美利坚合众国 720 人

② 多米尼加共和国 9.8% / 委内瑞拉 6.4% / 其他 11.8% / 美利坚合众国 72.0%

③ 美利坚合众国 36.6% / 外国运动员 28.0% / 多米尼加共和国 35.4%

④ 其他 13.9% / 多米尼加共和国 35.4% / 委内瑞拉 22.7% / 美利坚合众国 28.0%

# 为了和 AI 做朋友

**我**们在本书中反复介绍了人类和 AI 的不同之处，大家已经明白人类和 AI 分别擅长和不擅长的事情有哪些了吧？非常遗憾，按照现有的技术，人工智能是无法实现与人类相同的状态的。但人工智能有一些比人类做得更优秀的领域，已经开始成为帮助人类的伙伴了。

今后，通过将人类与 AI 各自的擅长领域进行组合，相互取长补短，应该会产生出更多的可能性。

也正是因为这样的发展趋势，我们人类应该努力学习如何更好地使用 AI，并在 AI 不擅长的领域加强学习。

> 我要努力，让自己也可以帮助到 AI！

在人类的朋友关系中，如果只是单纯地依靠一方，也会因为过于被依赖而不堪重负。所以如果人类掌握正确的驱动 AI 的方式，那 AI 与人类之间应该可以构筑各种新型的朋友关系。

如果 AI 在不断进化，而我们还是停滞不前，可能现有的一些工作都会被 AI 取代了。但如果是把 AI 擅长的工作让 AI 来做，而 AI 不擅长的工作由人类来承担的话，人类和 AI 就会彼此合作，成为好朋友，这样就会有非常令人期待的未来呀！

感觉可以和 AI 做朋友哦！

# 人工智能
# 搜索关键词

我们将与 **Part4** 中内容相关的
**AI** 专用词汇集在这里。
虽然其中有些理解起来很难，
但如果你有比较感兴趣的内容，
可以自己去继续调查一下呀！

## TRI

指日本丰田汽车公司为研究人工智能而于 2016 年 1 月设立的研究所 Toyota Research Institute Inc 的简称。这个研究所与在 AI 研究圣地的麻省理工学院及斯坦福大学的研究中心保持着良好的合作关系。

## 日本人工智能学会

创立于 1986 年 7 月，主要目的是为普及有关人工智能的研究进展和知识，为学术、技术、产业及社会的发展贡献力量。学会的主要活动包括主办研究会、讲座，及发行会刊、论文集等。约有个人会员 4400 人（截至 2017 年 3 月底）。

## 日本人工智能研究中心

是由日本国内最大的官方研究机构——国立研究开发法人产业技术综合研究所于 2015 年设立的人工智能的研究基地。它不仅与大学及企业合作，进行前沿研究开发，还致力于以研究成果为基础创办将服务实用化的创业企业。

搜索，搜索。

## 预测警务（Predictive policing）

指美国开始导入的预测警务应用。即根据以往的犯罪数据来预测可能发生犯罪的地点和类型，而对该地区加强巡逻。加利福尼亚州圣克鲁斯警察局导入这个应用后获得了降低两成犯罪率的效果。

## 摩尔定律

指半导体处理器的容量每 18 至 24 个月可以翻一番的经验法则。这是由英特尔的创始人之一戈登·摩尔曾在 1965 年提出的定律，到现在为止基本是这个规律发展而来。但很多人担心这个法则已经到了濒临崩溃的极限，并影响到人工智能的研究。

## 雷·库兹韦尔

美国著名实业家、发明家、未来学者。同时是一位著名人工智能研究的专家。受库兹韦尔的影响，意为"AI 自行催生出超越自我能力的 AI 的地点"的奇点（Singularity）的概念广为流传。

## 机器人三定律

这是因《银河帝国三部曲》和《我，机器人》而闻名的科幻小说作家艾萨克·阿西莫夫提出的机器人应遵守的原则。包括"对人类的安全性""对命令的服从""自我防卫"的内容。这组原则不仅影响着小说及电影等作品，还对实际的机器人工学也有很大的影响。

此外还有很多与人工智能相关的事项，而且今后随着研究的发展，还会催生出更多的新词来。我们在遇到新的词汇或事项时一定要记得抱着一探究竟的态度查查看，一定要记住不要只是单纯地死记硬背，理解背后的意思才是至关重要的哦！

 索 引

## 参考文献

### 主要参考文献

新井纪子《机器人能进东大吗？》（修订版）（新曜社）
新井纪子《AI vs 看不懂教科书的孩子们》（东洋经济新报社）
新井纪子《电脑夺走工作》（日本经济新闻出版社）
川添爱《不想工作的鼬和懂得语言的机器人》（朝日出版社）
松尾丰《人工智能能超越人类吗》（KADOKAWA）
松尾丰、盐野诚《人工智能为何改变未来》（KADOKAWA）

### 主要参考链接

日本人工智能学会
https://www.ai-gakkai.or.jp/

日本总务省《信息通信白皮书》
http://www.soumu.go.jp/menu_seisaku/hakusyo/#johotsusintokei

編著者

新井纪子

毕业于日本一桥大学法学部及美国伊利诺伊大学数学系。
经美国伊利诺伊大学数学系学习后，
在东京工业大学取得理学博士学位，专业为数理逻辑学。
现任日本国立信息学研究所教授及该研究所社会通识研究中心长，
"为了教育的科学研究所"代理理事，所长。
自 2011 年起主持人工智能项目"机器人能考入东京大学吗？"。
参与开发用于测定阅读能力的"阅读能力测试（RST）"工作。
主要著作有《成为快乐的数学》《为了生存的数学入门书》
《数学是语言》《AI vs 看不懂教科书的孩子们》等。

译者

陶旭

早年在日本从事软件工程师工作，
后从事日语同声传译工作，
近年曾在华为东京研究所任口译员。现为日语自由翻译。
译作有《思考皇室制度》《图解 3D 打印》
《Scratch 少儿趣味编程》《铁线莲栽培入门》《折纸几何学》等。

版权登记号：01-2021-6110

**图书在版编目（CIP）数据**

给孩子的未来科学. 人工智能 /（日）新井纪子编著;
陶旭译. -- 北京：现代出版社, 2022.2
ISBN 978-7-5143-9265-4

Ⅰ. ①给… Ⅱ. ①新… ②陶… Ⅲ. ①科学知识—少儿读物 ②人工
智能—少儿读物 Ⅳ. ①Z228.1 ②TP18-49

中国版本图书馆CIP数据核字（2021）第141049号

人工知能と友だちになれる?：もし、隣の席の子がロボットだったら…マンガで
わかるAIと生きる未来
JINKOCHINO TO TOMODACHI NI NARERU?:MOSHI TONARI NO SEKI NO KO
GA ROBOT DATTARA MANGA DE WAKARU AI TO IKIRU MIRAI
Copyright ©2018,Seibundo Shinkosha Publishing Co.,Ltd.
Chinese translation rights in simplified characters arranged with
Seibundo Shinkosha Publishing Co., Ltd.
through Japan UNI Agency, Inc., Tokyo

**给孩子的未来科学：人工智能**

| | |
|---|---|
| 编 著 者 | [日]新井纪子 |
| 译　　者 | 陶　旭 |
| 责任编辑 | 王　倩　崔雨薇　滕　明 |
| 封面设计 | 八　牛 |
| 出版发行 | 现代出版社 |
| 通信地址 | 北京市安定门外安华里504号 |
| 邮政编码 | 100011 |
| 电　　话 | 010-64267325　64245264（传真） |
| 网　　址 | www.1980xd.com |
| 电子邮箱 | xiandai@vip.sina.com |
| 印　　刷 | 北京瑞禾彩色印刷有限公司 |
| 开　　本 | 710mm*1000mm　1/16 |
| 印　　张 | 10 |
| 字　　数 | 110千 |
| 版　　次 | 2022年2月第1版　2022年2月第1次印刷 |
| 书　　号 | ISBN 978-7-5143-9265-4 |
| 定　　价 | 55.00元 |